3.-€

SV

Hoch-
prozentig

Neue Wiesbaden-Krimis

Herausgegeben von Regina Voit

SOCIETÄTSVERLAG

Satz: Nicole Proba, Societäts-Verlag
Umschlaggestaltung: Nicole Proba, Societäts-Verlag
Druck und Verarbeitung: Ebner & Spiegel GmbH, Ulm
Printed in Germany 2010
ISBN: 978-3-7973-1186-3

Inhaltsverzeichnis

Top Shelf

Von Udo Trost

„Wir kommen nicht weiter", sagte Kranz und schaute auf das große weiße Board, vor dem er und sein Assistent Maier standen. Darauf war eine Karte des Rhein-Main-Gebiets zu sehen, in der mehrere farbige Pins steckten. Daneben Karteikarten mit der gestochen scharfen Handschrift Maiers, einer der nützlicheren Eigenschaften seines Assistenten. Aber das Wesentliche waren die zahlreichen Fotos, auf denen drei Männer und eine Frau abgebildet waren. Eines hatten die Abgebildeten alle gemeinsam. Sie waren tot. Kranz betrachtete die Gesichter, die ihn vorwurfsvoll aus ihren leblosen Augen anzustarren schienen. Warum fand er ihren Mörder nicht, dachte Kranz und schüttelte unwillig den Kopf. Er wand sich an Maier. „Also gehen wir es noch einmal durch. Wir haben vier Tote in fünf Monaten. Drei Männer und eine Frau. Alle gefunden im Freien in Waldgebieten im Rhein-Main-Gebiet." „Der Erste", Kranz deutete auf das aufgedunsene Gesicht. Maier begann die Fakten aufzuzählen. Beide kannten sie alle Informationen in- und auswendig. Aber das war eines dieser Rituale, das sich Kranz im Laufe der Jahre angeeignet hatte und Maier liebte es aufzusagen. Außerdem hatte er eine angenehme Stimme, dachte Kranz. „Robert Mittag, 38 Jahre gefunden am 3.4.2009 im Wald oberhalb von Walluf, vermutliche Liegezeit weniger als sieben Tage. Wohnte in Eltville im Hotel „Zur goldenen Gans" und verdiente seine Brötchen als Vertreter für Kellereizubehör. Hatte verschiedene Termine mit Winzern in der Gegend." „Todesursache?", fragte Kranz leise. „Erstickt, wahrscheinlich unter Zuhilfenahme eines weichen Gegenstandes." Weichen Gegenstandes, dachte Kranz und seufzte innerlich. Nur Maier und die Pathologen nannten so etwas weichen Gegenstand. Der Rest der Welt begnügte sich mit dem Wort Kissen. Kranz deutete auf das nächste Bild. „Hans Henkel, 61, gefunden im Wald bei Hofheim am 3.6.2009, vermutliche Liegezeit zwölf Tage, Teilhaber einer Firma, die individuelle Golfschläger herstellt.

Hatte geplant einen Kurzurlaub nach seinen Terminen anzutreten, deswegen wurde er erst auch nach acht Tagen von seinem Geschäftspartner für vermisst erklärt", erläuterte Maier. Ebenfalls erstickt mit einem wie …" „Schon gut", unterbrach ihn Kranz, „kommen wir zur Nummer drei." „Markus Niemeier, 32, arbeitete als EDV-Berater für eine amerikanische Firma, hatte gerade ein Projekt in Frankfurt abgeschlossen. Gefunden im Stadtwald in Frankfurt am 24.7.2009. Auch er erstickt mit …" „Ja genauso wie das vierte Opfer", sagte Kranz barsch. „Das vierte und bislang letzte Opfer", begann Maier wieder mit seiner Aufzählung. Das bislang letzte Opfer wiederholte Kranz in Gedanken. Wer weiß, wie viele da draußen noch liegen, dachte Kranz missmutig. „Eva Marx, 52, ein richtig hohes Tier bei einer Kosmetikfirma. War anlässlich einer Messe in Wiesbaden. Gefunden am 2.8.2009 im Wald unterhalb der Platte. Gleiche Todesursache wie bei den anderen Opfern." „Was gibt es sonst noch für Gemeinsamkeiten?", fragte Kranz. „Erstens", sagte Kranz und hob den Daumen der rechten Hand. „Alle vier waren aus geschäftlichen Gründen unterwegs", antwortete Maier. Kranz nickte und hob den Zeigefinger. „Zweitens, sie kamen alle von außerhalb", sagte Maier und redete weiter. Jetzt hob er den Mittelfinger.

„Drittens, sie lebten in Hotels. Viertens, alle hatten ihre Geschäfte abgeschlossen oder waren kurz davor. Fünftens: Todesursache bei allen gleich, erstickt mit einem weichen …“ „Ja, ja“ sagte Kranz ungeduldig, „weiter.“ „Sechstens, alle hatten einen erhöhten Alkoholspiegel im Blut. Siebtens, alle hatten spät in der Nacht mit ihren Bank- und Kreditkarten Geld aus diversen Geldautomaten gezogen und dabei das Tageslimit ausgeschöpft.“ „Und“, fragte Kranz, „in den darauffolgenden Tagen wurden weitere Geldsummen abgehoben. Insgesamt 28 000 Euro. Keine Spur vom Geld oder den Karten.“ Kranz nickte. Jemand hat sich an die Betreffenden herangemacht und dann ausgenommen. „Aber warum ermordet?“, bemerkte Maier.

„Warum hat er nicht einfach das Geld genommen und ist verschwunden?“ Kranz zuckte mit den Achseln. „Wer bringt einen Menschen wegen ein paar lausigen Tausend Euro um?“, fragte Maier erschüttert. Menschen werden noch wegen viel weniger oder uns absurd erscheinenden Gründen umgebracht, dachte Kranz. Aber das wirst du im Laufe der Zeit noch lernen. „Das waren die Gemeinsamkeiten, was ist mit den Unterschieden?“, fragte Kranz. Auch das war ein altes Ritual, das ihm sein alter Vorgesetzter einmal beigebracht hatte. Wenn du alle Gemeinsamkeiten betrachtest hast, dann schau dir an, welche Unterschiede es gibt, dabei entdeckst du oft noch die entscheidende Verbindung. Vielleicht hilft dir das weiter. Maier überlegte angestrengt. „Nun“, fragte Kranz lauernd. „Äh, die Opfer waren unterschiedlich“, sagte Maier zögernd. „Inwiefern?“, fragte Kranz. „Nun ja, zwar waren alle Geschäftsreisende, aber doch auf sehr unterschiedlichem Niveau. Robert Mittag war nicht mehr als ein einfacher Handelsvertreter mit einem durchschnittlichen Einkommen. Henkel und Niemeier verdienten deutlich besser und Frau Marx gehörte zu den Spitzenverdienern." Das war so offensichtlich, dass es sogar Maier aufgefallen war. Es gab ein Muster, zuerst der kleine Handelsvertreter, von dem er einige Hundert Euro erbeutet hatte und dann wagte sich der Täter an immer größere Fische heran. Das letzte Opfer spielte in einer ganz anderen Liga, als das erste, sagte Kranz. „Weitere Unterschiede, Maier?", fragte Kranz. „Ähm, unterschiedliche Tatorte. Ja, aber immer das gleiche Muster", winkte Kranz ab, „in irgendeinem Waldgebiet. Der Täter hat ein Auto und er kennt sich gut aus. Das wissen wir schon." Aber es gab so viel, das sie nicht wussten. Es gab keine verwertbaren Spuren an den Fundorten. Keine DNA, keine Fingerabdrücke, keine Reifenspuren oder Zeugen, die etwas gesehen hatten. Sie kamen nicht weiter. Es war zum Verzweifeln, dachte Kranz frustriert und Maier war keine große Hilfe. Er bemerkte nicht einmal das Offensichtliche, dachte Kranz und merkte wie der Ärger in ihm aufstieg. Aber da schaltete sich sein Gewissen ein.

Was konnte Maier dafür, dass er, der Erfahrene nicht weiterkam. Dies war die erste Mordermittlung an der Maier teilnahm. „Die Opfer, Maier, zuerst drei Männer und dann ...", er blickte Maier fragend an. „Eine Frau", vollendete Maier den Satz. „Genau, Maier, eine Frau. Wie kommt der Täter an sie heran? Frauen sind vorsichtiger als Männer, insbesondere, wenn sie allein auf Reisen sind. Die Marx war eine sehr erfahrene Geschäftsfrau, ständig unterwegs und das seit Jahren." Sie hatten den privaten Hintergrund überprüft, das hatte, wie bei den anderen Opfern ebenfalls nichts Besonderes ergeben. Seit mehreren Jahren geschieden, es gab keinen aktuellen Lebenspartner. Kranz schüttelte den Kopf. „Wo hast du sie getroffen?", fragte er das große Display. Irgendwo dort war der entscheidende Hinweis versteckt, aber er fand ihn nicht. Seine Augen wanderten über die Karteikarten, dann fiel ihm etwas auf. „Maier, was machen wir, wenn wir einen wichtigen Fall erfolgreich abgeschlossen haben?“ „Äh, wir schließen die Akten“, antwortete Maier unsicher. „Ja, natürlich“, entgegnete Kranz, „und was noch?“ „Wir, wir“, stammelte Maier. „Wir feiern“, unterbrach ihn Kranz. „Wir gehen einen trinken und genau das haben die Opfer getan.“ Er deutete auf das Display. „Alle hatten ihre Geschäfte erfolgreich abgeschlossen und hatten den offiziellen Teil ihrer Reise hinter sich. Es war ihr letzter Abend und anstatt im Hotel zu sitzen, sind sie ausgegangen. Sie gehen in die Kneipe oder in eine Bar und dort sind sie ihrem Mörder begegnet. Endlich haben wir einen Ansatz, an die Arbeit Maier“, sagte Kranz begeistert. „Da hätten Sie wirklich auch drauf kommen können“, fügte er noch an. „Woher denn Chef“, sagte Maier mit einem schnippischen Unterton. Kranz schaute ihn verdutzt an. „Dies ist mein erster Fall und bislang gab es noch keinen Anlass zum Feiern“, erklärte Maier. Kranz lachte. Nach drei Tagen war Kranz das Lachen vergangen. Nicht, dass sie nicht erfolgreich gewesen wären. Sie hatten unzählige Kneipen und Bars aufgesucht und es war ihnen tatsächlich gelungen, mehr über die Opfer zu erfahren.

Alle waren in verschiedenen Bars gesehen worden. Alle hatten an der Theke gesessen und hatten sich mit anderen Gästen unterhalten. Keiner der Barkeeper konnte jedoch eine verlässliche Personenbeschreibung abgeben. Es war, als ob sie für einen kurzen Moment einen Blick auf den Täter hatten erhaschen können, der danach aber erst recht im Dunkel verschwunden war. „Wir kommen nicht weiter“, sagte Kranz, als er auf die Karteikarte blickte, die die neugewonnenen Informationen über die Bars auflistete. „Wir brauchen die Hilfe eines Experten“, sagte Kranz. „Einen Experten“, wiederholte Maier, „Sie meinen einen Profiler.“ Maier sprach das Wort Profiler mit einer solchen Ehrfurcht aus, wie Tiefgläubige den Namen des Papstes. „Nein, keinen Profiler“, sagte Kranz genervt. „Ich brauch keinen BKA-Besserwisser, der mir nach drei Wochen Aktenstudium sagt, dass unser Täter als 12-Jähriger kleine Tiere gequält hat.“ Maier zuckte zusammen, wahrscheinlich hielt er dies für Gotteslästerung. „Nein, wir gehen zu einem richtigen Experten und zwar heute Abend. Sie holen mich um acht ab. „Wohin gehen wir denn, Chef?“, fragte Maier unsicher. „In eine Bar, Maier, in eine Bar.“

Sie betraten Jimmys Bar und schauten sich um. Maier pfiff leise vor sich hin. „Nett hier“, sagte er. Kranz nickte, das war eine ziemliche Untertreibung. Ein Raum, gehalten in dunklen Holztönen. Ledersessel, gruppiert um kleine Tische. Ein langer Tresen, vor dem Barhocker standen. Hinter dem Tresen ein riesiger Barschrank mit unzähligen Flaschen, Gläser und sonstigen Utensilien. Klare Linien ohne Schnörkel. Zeitlos und trotzdem sehr elegant. Das war genau Jimmys Geschmack, dachte Kranz. Er wusste, dass sich in den angrenzenden Räumen ein Privatclub befand, der mehr an einen traditionellen englischen Club erinnerte und für den Jimmy ebenfalls verantwortlich war. „Da ist unser Mann“, sagte Kranz und deutete zum Tresen. Dort stand ein mittelgroßer, kräftig gebauter Mann. Anfang vierzig mit kurzgeschorenen grauen Haaren. „Nicht viel los“, bemerkte Maier.

„Das eigentliche Geschäft beginnt erst gegen zehn, so hatte er jetzt auch Zeit für uns“, erwiderte Kranz. Als Kranz und Maier sich an den Tresen setzten, blickte der Mann hinter dem Tresen von den Papieren auf, die er gerade durchgesehen hatte. „Guten Abend“, sagte er mit freundlicher Professionalität, dann erblickte er Kranz und sein Lächeln wurde breiter. „Herr Kommissar, wie schön Sie zu sehen.“ Er schüttelte Kranz die Hand. „Das ist Jimmy, Besitzer des gleichnamigen Etablissements, in dem wir uns hier befinden“, sagte Kranz lächelnd. „Und das ist Maier, mein Assistent“, stellte er ihn vor. „Willkommen im Jimmys“, begrüßte ihn dieser und schüttelte Maiers Hand. „Was verschafft mir die Ehre, Entspannung nach einem anstrengenden Tag im Kommissariat oder haben Sie einen Fall erfolgreich abgeschlossen und möchten etwas feiern?“ „Nicht ganz“, sagte Kranz gequält. „Ich brauche deine Hilfe.“ „Meine Hilfe“, entgegnete Jimmy erstaunt. „Natürlich, ich bin gleich für Sie da. Lassen Sie mich noch den Papierkram ins Büro bringen.“ Jimmy nahm den Stapel und verschwand seitlich neben dem Tresen. Maier blickte sich um. „Woher kennen Sie Jimmy?“, fragte er. Kranz lächelte, „Nun ich habe Jimmy kennengelernt, als er noch Joseph Immerschön hieß. Unsere Beziehung war anfänglich beruflicher Natur. Der gute Joseph war schon immer sehr clever und sehr ambitioniert, er wollte hoch hinaus. Dabei ist er etwas vom rechten Weg abgekommen. Da sind wir uns dann begegnet.“ „Und dann?“, fragte Maier gespannt. „Sagen wir mal, ich habe ihn auf den rechten Weg zurückgeschubst. Jetzt gehört ihm einer der exklusivsten Bars in Frankfurt und er ist genau der Mann, den wir brauchen.“ „Das verstehe ich nicht, wie soll uns ein Barkeeper weiterhelfen?“ „Zunächst könnte ich Ihnen bei der Auswahl der Drinks helfen“, sagte Jimmy, der in diesem Moment zurückkam. Kranz lächelte. „Das wäre schon mal ein guter Anfang, für Maier aber was ohne Alkohol, er fährt.“ „Sicher“, sagte Jimmy. „Und für Sie,

Herr Kommissar?" „Ich vertraue dir voll und ganz, Jimmy." „Dann würde ich zu etwas Einfachem raten, einem Mexicana."

„Sie sehen etwas abgespannt aus." Jimmy nahm eine Cocktailschale, füllte sie mit zerstoßenem Eis und stellte sie ab. „Tequila, Ananassaft, Zitronensaft und ein Spritzer Grenadine", erklärte er, während er die Zutaten in einen mit Eis gefüllten Cocktailshaker füllte und schüttelte. Er nahm die Cocktailschale, schüttete das Eis zurück in die Kühlbox und goss den Inhalt des Shakers in das beschlagene Glas. Er wand sich zu Maier. „Für den Fahrer einen Rainbow ohne Alkohol, frisch und fruchtig." Jimmy nahm diesmal ein hohes Glas und goss mit raschen Bewegungen abwechselnd verschiedene, sehr dickflüssige Fruchtsäfte hinein. Fasziniert beobachteten Kranz und Maier, die verschiedenfarbigen Schichten. Er stellte die Gläser vor die Polizisten. Maier wollte schon zugreifen, aber der Barkeeper hielt ihn auf. „Einen Moment noch." Mit einer Zange nahm er eine perfekt aussehende Erdbeere und ließ sie in das Glas fallen. Einen Moment lang schwamm die Erdbeere auf der obersten Saftschicht, dann versank sie langsam. Die Saftschichten begannen sich zu vermischen und erzeugten einen fantastisch aussehenden Farbwirbel. „Bitte sehr, die Herren", sagte Jimmy einladend. Beide nahmen einen Schluck. Kranz schnalzte anerkennend mit der Zunge und Maier lächelte glücklich. „So und jetzt, womit kann ich Ihnen behilflich sein, Herr Kommissar?" Kranz nahm einen weiteren Schluck, dann legte er die Unterlagen auf den Tresen. „Wirf doch mal einen Blick darauf." Er zeigte Jimmy die Listen mit den Getränken, die die Opfer in den verschiedenen Bars zu sich genommen hatten. Jimmy nahm die Liste und begann zu lesen. „Was wollen Sie wissen?", fragte er. „Fällt dir etwas auf, irgendetwas, wir sind für jeden kleinsten Hinweis dankbar." Maier hatte die Listen nach den Angaben der Barkeeper und den Kassenunterlagen erstellt. Am oberen Rand hatte er die Initialen der Opfer vermerkt. Jimmy legte die vier Getränkelisten vor sich hin. Er betrachtete sie eine Weile und dann begann er zu sprechen. „Das sind Bestellungen von vier unterschiedlichen Personen. Alle vier haben einen unterschiedlichen Geschmack und ich bin sicher, dass sie auch in unterschiedlichen Bars waren. Liege ich richtig?", fragte er. Kranz nickte. „Diese hier", er nahm eine der Listen, „ich würde sagen, eine Bar in einem kleinen Hotel, nichts Besonderes, aber gute Weinauswahl. Der das bestellt hat, hatte Ahnung von Wein." Kranz schaute auf die Initialen RM, Robert Mittag, der Vertreter für Kellereizubehör. „Diese Beiden, etwa gleiches Niveau, guter Geschmack, aber nichts Außergewöhnliches. Der hier, mehr auf der Ginseite, typisch für Tennisspieler oder Golfer." Kranz schaute auf die Liste, HH, der Hersteller von Golfschlägern. Er fühlte, wie Maier neben ihm unruhig wurde. „Der da", Jimmy zeigte auf die Liste, die die Initialen MN trug, „ist oft in den USA oder ist Amerikaner. Wie kommen Sie denn darauf?", fragte Maier. „Whisky Sour, aber mit Bourbon, statt mit Malt. Sehr typisch für Amerikaner", erwiderte Jimmy. Maier schüttelte ungläubig den Kopf und Kranz nahm einen tiefen Schluck. „Dies hier fällt etwas aus dem Rahmen", fuhr Jimmy fort. „Warum?", fragte Kranz gespannt. „Die Qualität ist eine ganz andere, das können Sie mit denen hier nicht vergleichen. Hochklassig. Top Shelf." „Was?", fragte Maier. Jimmy lächelte, „Ich erkläre es Ihnen. Sie gehen nicht oft in Bars, nicht wahr?" Maier wurde rot, „Nein ich bin mehr für Bier", sagte Maier entschuldigend, „aber das hier ist sehr gut" und deutete auf sein Glas. „Also, Sie gehen in eine Bar und bestellen einen

Cocktail." Jimmy blickte zu Kranz, dessen Glas leer war. „Sagen wir einen Manhattan." Er nahm ein Glas und füllte es mit Eis. „Fünf cl Bourbon und 2 cl Vermouth und etwas Angostura", erklärte er. Dann rührte er das Ganze um und füllte es in ein neues Glas. „Hier, das ist ein normaler Manhattan", er stellte das Glas vor Kranz. „Sie sehen aus, als ob Sie etwas Stärkeres gebrauchen können." „Wenn Sie einen Manhattan vom Top Shelf bestellen, bekommen Sie ihn mit Whiskey von da oben." Er deutete auf das oberste Fach in dem massiven Barschrank. „Dort steht das Teuerste und Beste, was Sie in meiner Bar bekommen können. Gäste, die das bestellen, kennen sich aus, sie legen Wert auf Qualität und Exklusivität und sie sind auch bereit dafür zu bezahlen. So wie diese Dame hier." „Was", entfuhr es Maier, „woher wollen Sie wissen, dass dies die Bestellungen einer Frau sind?" „Aber das ist doch noch das Leichteste, Champagnercocktails, sehr typisch für Frauen. Und sie hat einen exzellenten Geschmack." Für einen Moment kehrte Schweigen ein. Sie hatte einen guten Geschmack gehabt, dachte Kranz bekümmert. Möglicherweise machte sich genau in diesem Moment der Täter an ein neues Opfer heran und sie hatten keine Ahnung, wie sie das verhindern konnten. Kranz starrte in sein Glas, da hörte er Jimmy beiläufig sagen: „Ach ja, da ist noch etwas." „Was denn?", fragte Maier. „Sind die Bestellungen denn zeitlich geordnet?" „Ja, soweit sich Ihre Kollegen erinnern konnten", antwortete Maier. „Dann hatten sie von einem bestimmten Punkt an Gesellschaft", erklärte Jimmy. Kranz hob ruckartig den Kopf, Maier neben ihm starrte den Barkeeper mit offenem Mund an. „Jimmy, was hast du da eben gesagt?", stieß Kranz hervor. „Sie hatten Gesellschaft, hier, schauen Sie selbst." Er drehte die vier Listen, sodass die beiden Polizisten sie ansehen konnten. „Hier, die Bestellungen ändern sich. Zwar bleiben sie bei der gleichen Art von Cocktail, aber es tauchen Variationen auf. Ganz typisch für Gäste, die sich an der Bar kennenlernen, man kommt ins Gespräch, lädt sich gegenseitig ein und probiert etwas Neues.“ „Das ist unheimlich“, stammelte Maier und leerte sein Glas in einem Zug. „Worum geht es eigentlich?“, fragte Jimmy. Eigentlich sind Sie mir eine Erklärung schuldig.“ Kranz schaute Jimmy an, dann fasste er einen Entschluss. „Maier, erzählen Sie es ihm. Meinen Sie wirklich, Chef?“, fragte Maier unsicher. „Ja, fangen Sie schon an“, bekräftigte Kranz. Maier begann zu sprechen und Kranz sah, wie Jimmys Miene immer ernster wurde. „Das ist ja entsetzlich“, sagte er, als Maier geendet hatte. „Allein die Vorstellung, der könnte hier bei mir auftauchen. Haben Sie denn schon einen Verdacht oder eine Spur?“, fragte Jimmy gespannt. „Nein“, Kranz schüttelte unglücklich den Kopf. „Der Täter ist wie ein Phantom, keine aussagekräftige Beschreibung, keine verwertbaren Spuren.“ „Hmm“, sagte Jimmy, „vielleicht könnte ich helfen.“ „Wie denn?“, fragte Maier. „Bringen Sie mir die Informationen, was die anderen Gäste in den verschiedenen Bars bestellt haben. Womöglich finde ich etwas, was Ihnen hilft.“ Maier stöhnte gequält, „Von allen Gästen? Die Bars waren gut besucht.“ Aber Kranz achtete nicht auf ihn. „Warum eigentlich nicht?“, sagte er. Was hatten sie schon zu verlieren. Diesmal dauerte es länger als fünf Tage. Sie nahmen alles mit, was sie finden konnten. Die Bestellbons, die Rechnungskopien und sie brachten die Barkeeper und Bedienungen dazu, Personenbeschreibungen abzugeben, die sie mit den Bestellungen verknüpfen konnten. Erstaunlich, dass die meisten Barkeeper keine brauchbare Personenbeschreibung liefern konnten, aber sich fast genau an die Bestellungen erinnern konnten. Am Abend des sechsten Tages saß Kranz dann wieder am Tresen in Jimmys Bar. Maier hatte er nach Hause geschickt. Jimmy betrachtete den Stapel von Papieren, dann begann er sie zu studieren. Schließlich sortierte er die Unterlagen auf dem Tresen und begann sie den Opferlisten zuzuordnen. Wie beim Patiencelegen, dachte Kranz, der Jimmy stumm beobachtete. Es dauerte fast eine Stunde, aber schließlich lag neben jeder Opferliste eine weitere Liste. „So, ich denke, das stimmt jetzt. Hier, Opfer Nummer 1, der Weintrinker. Dieser hier trinkt die gleiche Lage, aber einen anderen Jahrgang. Dann gibt es einen Sprung in der Qualität. Besseres Weingut, höhere Qualität, bis sie schließlich zu härteren Sachen übergehen. Trester, und er bestellt für beide. Hier, schauen Sie sich die Belege an." „Das klingt logisch", sagte Kranz, „und was ist mit den anderen?" „Immer das gleiche Prinzip. Er trinkt etwas Ähnliches, man kommt ins Gespräch und ab einem gewissen Zeitpunkt lädt er seine Opfer ein." „Damit kontrolliert er die Situation", sagte Kranz. Aber wer bist du, dachte Kranz. Er nahm seine Unterlagen und verglich sie mit den Listen und Rechnungen, die Jimmy herausgesucht hatte. Alle Rechnungen waren bar bezahlt worden, etwas anderes hätte Kranz auch überrascht. Dieser Täter würde niemals eine Kreditkarte benutzen, die eine Spur liefern konnte. Zwei Barkeeper haben eine vage Beschreibung abgeliefert, die sie den Bestellungen zuordnen konnten. „Und haben Sie etwas?", fragte Jimmy hoffnungsvoll. Kranz zuckte mit den Schultern. „Die Zeugen beschreiben ihn als mittelgroß in den Vierzigern, Brille, kein Bart. Gut gekleidet, dunkler Anzug, Krawatte, aber unscheinbar. Keine hervorstechenden Merkmale, nichts Außergewöhnliches, das ihn heraushebt“, sagte Kranz enttäuscht. „Aber es ist ein Anfang, wenn wir jetzt noch wüssten, wie er seine Opfer schließlich dazu bringt, ihm die Karten auszuhändigen und Geld abzuheben, wären wir schon weiter.“ Jimmy betrachtete die Listen nachdenklich. „Eines ist ungewöhnlich.“ „Was denn?“, fragte Kranz hoffnungsvoll. „Hier“, Jimmy deutete auf einen Punkt, „diese Bestellung wiederholt sich bei allen vier. Lime Gin Cooler.“ „Was ist das?“ „Wie der Name schon sagt, Gin mit viel Lime Juice, sehr sauer. Manche glauben, dass man dadurch Alkohol besser verträgt.“ „Ja und was ist daran ungewöhnlich?“ „Das passt überhaupt nicht zu den anderen Getränken, das ist ein völlig anderer Stil“, erklärte Jimmy. „Warum hat er es dann bestellt?“, fragte Kranz. „Nun, wie ich schon sagte, der Drink hat einen starken Eigengeschmack und dieser überdeckt jeden anderen Geschmack.“ „Überdeckt andere Geschmäcker“, wiederholte Kranz nachdenklich. „Ja, zum Beispiel K.-o.-Tropfen“, sagte Jimmy. „Die haben einen starken Eigengeschmack und man mischt sie zum Beispiel mit Lime Juice.“ „Woher weißt du denn so etwas?“, fragte Kranz misstrauisch. „Nun, ich habe in meiner Laufbahn die Gelegenheit gehabt, alle Aspekte dieses Berufes kennenzulernen, auch die sehr dunklen.“ „Haben Sie denn Spuren bei den Opfern gefunden?“ „Nein“, Kranz schüttelte den Kopf. „Aber das macht Sinn“, seine Miene hellte sich auf. Deswegen hat er sie erst mindestens einen Tag später getötet. K.o.-Tropfen sind nach zwölf Stunden nicht mehr nachweisbar

Alle Teile fügten sich zusammen und ergaben langsam ein schlüssiges Bild, realisierte Kranz. „Jimmy, du hast mir sehr geholfen“, sagte er freudig. „Nun weiß ich, wie es abläuft. Der Täter sucht in Bars nach seinen Opfern.“ Jimmy nickte. „Es läuft immer nach dem gleichen Schema ab. Er kommt ins Gespräch und als Aufhänger benutzt er das, was die Opfer gerade trinken. Würdest du sagen, er kennt sich gut aus?" „Auf jeden Fall", sagte Jimmy. „Er weiß viel mehr über Drinks und Cocktails als der normale Barbesucher und wahrscheinlich benutzt er dieses Wissen, um ins Gespräch zu kommen." „Könnte ein Barkeeper sein", unterbrach ihn Kranz. Jimmy stutzte. „Könnte", sagte er widerwillig. „Schließlich gibt es überall schwarze Schafe." Kranz lächelte. „Zurück zu unserem Mann. Er hat gute Umfangsformen, ist charmant und gewinnt schnell das Vertrauen seiner Opfer. Man unterhält sich, trinkt etwas zusammen und nach kurzer Zeit weiß er alles, was er wissen muss. Er ist unscheinbar und wird nicht als Bedrohung wahrgenommen. Er ist wie ein Raubtier, das eine Herde umschleicht, um sich das schwächste Tier der Herde auszusuchen. Hat er das passende Opfer gefunden, schlägt er zu. Er überredet sein Opfer zu einem letzten Drink." „Der ist mit K.o.-Tropfen versetzt", ergänzte Jimmy. „Die Wirkung setzt verzögert ein, wahrscheinlich verlässt er sogar vor dem Opfer die Bar und lauert ihm draußen auf", sagte Kranz. „Alles andere ist dann relativ einfach. Die Opfer heben selbst das Geld ab und nennen ihm die Geheimzahlen. Dann tötet er sie." Kranz stoppte. „Ich frage mich, wie oft er das schon gemacht hat." „Na Sie haben doch vier Opfer." „Ja, aber es wird nicht bei jedem Anlauf geklappt haben. Auch ein Raubtier ist nicht jedes Mal erfolgreich. Aber mit jeder erfolgreichen Jagd wird sein Selbstbewusstsein größer." „Was meinen Sie damit?", fragte Jimmy. „Mittlerweiler wagt er sich an die großen Tiere heran, die mit den Gold- und Platinkarten." „Sie meinen ...", sagte Jimmy. „Ja, er kommt näher, er will den Top Shelf, Jimmy." Nach einer Weile sagte Jimmy, „Ich hoffe, ich konnte Ihnen helfen. „Ja sicher", sagte Kranz, „sehr sogar."

„Wir kriegen ihn, keine Angst. Er wird mehr riskieren und damit auch Fehler machen. Dann haben wir ihn.“ „Gut“, erwiderte Jimmy. „Wissen Sie was, Herr Kommissar, das sollten wir feiern. Ich lade Sie zu etwas ganz Besonderem ein.“ „Das ist nicht nötig“, sagte Kranz abwehrend. „Doch, ich bestehe darauf“, sagte Jimmy. „Also gut, was trinken wir?“, gab Kranz seinen Widerstand auf. „Einen Four Score. Kreiert von Joe Gilmore, einem berühmten Barkeeper, der im Savoy Hotel in London gearbeitet hat.“ Jimmy nahm eine der Flaschen mit dem imposanten Label aus dem obersten Fach. „Wir brauchen drei Teile eines sehr guten Brandys, zwei Teile Lillet und ein Teil Chartreuse. Lillet ist ein Aperitifwein und Chartreuse eine Art Kräuterlikör“, erklärte Jimmy, als er den fragenden Blick Kranz’ sah. „Natürlich nehmen wir nur den gelben Chartreuse.“ „Natürlich, was sonst“, erwiderte Kranz ironisch. Jimmy goss die Zutaten in einen geeisten Shaker und rührte. Dann füllte er zwei Cocktailgläser und gab noch etwas Zitronenschale hinzu. Sie prosteten sich zu und Kranz nahm einen Schluck. „Ausgezeichnet“, sagte er anerkennend. „Sehen Sie, ich hatte Ihnen nicht zuviel versprochen. Wird leider viel zu selten bestellt. Kennt kaum noch jemand. Joe Gilmore hatte ihn zu Ehren des achtzigsten Geburtstags von Churchill kreiert. Jetzt müssen Sie mich aber einen Moment entschuldigen“, sagte Jimmy. „Aber sicher und noch einmal vielen Dank für deine Hilfe“, Kranz versank in Gedanken, während er an seinem Four Score nippte. Zwar hatte der Gesuchte noch kein Gesicht, aber er wusste dank Jimmy jetzt schon viel mehr über ihn als noch vor einigen Tagen. Jetzt musste er nur noch einen freundlichen Mittvierziger finden, der außergewöhnlich viel über Cocktails wusste. Eine Stimme riss ihn aus seinen Gedanken. Eine freundliche, warme Stimme. „Guten Abend, entschuldigen Sie, dass ich Sie anspreche, aber darf ich Sie fragen, was Sie da trinken? Das ist doch nicht etwa ein Four Score?“ Kranz blickte zu dem Sprecher, der zwei Stühle von ihm entfernt saß. Ein Mann in den Vierzigern, dunkler Anzug, Brille, der ihn freundlich lächelnd anschaute.

Kranz zuckte innerlich zusammen, bemühte sich aber, seine Erregung nicht zu zeigen. Er zwang sich zu einem Lächeln. „Doch, das ist ein Four Score.“ „Na, so was“, sagte der Mann erfreut, „der wird wirklich nur noch selten getrunken. Es ist immer schön, jemanden zu treffen, der Qualität zu schätzen weiß. Sie erlauben doch“, der Mann setzte sich auf den Barhocker neben Kranz. „Aber sicher“, erwiderte Kranz. Er hatte das Gefühl, gerade einem alten Bekannten zu begegnen. „Wussten Sie übrigens, dass dieser Cocktail für Churchill kreiert wurde?“ „Nein, das wusste ich nicht“, antwortete Kranz. „Na, dann lassen Sie mich mal erzählen“, sagte der Fremde. Oh ja, du wirst diese Nacht noch viel erzählen, dachte Kranz und lächelte fröhlich.

Amelie, die Winzerin

Von Bärbel Nisch

Guntram fiel auf der rechten Seite aus dem Bett. Sein Kopf prallte knüppelhart auf den Boden. Er hatte einen entsetzlichen Kater. In seinem Gehirn schien eine stacheldrahtumwickelte Murmel hin und her zu kullern.

Er stieß einen abscheulichen Fluch aus. Seine rechte Hand, die an einem äußerst geschmacklos tätowierten Arm hing, ruderte suchend auf dem Boden herum und fand kurz darauf eine Schnapsflasche, die er sich an die aufgesprungenen Lippen setzte.

„Leer, verdammte Scheiße“, knarzte Guntram. Er warf die Flasche in hohem Bogen durch das Zimmer. Sie zerschellte am Heizkörper unter dem Fenster.

Die stacheldrahtumwickelte Murmel in seinem Kopf beschleunigte ihre Fahrt.

Guntram wusste, dass nur ein kräftiger Schluck aus einer guten Flasche den höllischen Schmerz unter der Schädeldecke würde dämpfen können. Er hievte seinen massigen, nackten Körper vom Boden auf die Bettkante. Auch auf der Brust und auf dem Rücken war er tätowiert – zwar nicht von demselben Dilettanten, der seinen rechten Arm verunstaltet hatte aber die Zeit hatte den einst recht passablen Bildnissen schwer zugesetzt: Die Flügel des großen Adlers auf der Vorderseite verschwanden in zwei üppig ausgebildeten Speckfalten. Der Schmetterling auf der Kehrseite wurde durch ein hässliches Melanom verunziert, das in letzter Zeit immer größer wurde und Guntram außerdem durch einen heftigen Juckreiz quälte.

Er nahm ein kakifarbenes Hemd vom Stuhl, roch daran und warf es angewidert auf den Boden. Erst als er sah, dass er auch im Schrank nichts Besseres hatte, zog er es trotz der unangenehmen Ausdünstungen an.

Ein Blick ins Portemonnaie überzeugte ihn davon, dass es höchste Zeit war, seiner Tante Amelie einen Besuch abzustatten.

Amelie Römer lebte in einem kleinen Winzergehöft im Rheingau – nicht weit von der Stadtgrenze Wiesbadens entfernt. An neun von zehn Tagen im Jahr ging es der Frau mit den schlohweißen Haaren und dem freundlichen Lächeln im Gesicht eigentlich gut. Ihren Weinberg hatte sie verpachtet, seit ihr geliebter Georg vor sieben Jahren gestorben war. Der neue Pächter zahlte anständig und pünktlich, und ihr blieb als Hobby die Herstellung ihrer weit über die Landesgrenzen hinaus bekannten Tresterbrände. Diese Beschäftigung brachte ihr nicht nur Spaß, sondern überdies ein beachtliches Zusatzeinkommen.

Sie hätte wirklich zufrieden sein können mit ihrem Leben, wenn da nicht der jeweils zehnte Tag gewesen wäre – der Tag, an dem ihr Neffe Guntram sie besuchen kam. Vor diesem Tag hatte sie inzwischen solche Angst, dass man nicht einmal mehr sagen konnte, es ginge ihr zu neunzig Prozent gut, obwohl dies dem Verhältnis der guten zu den schlechten Tagen entsprach.

Schon beim Gedanken an Guntram wurde Amelie Römer am ganzen Körper kalt, und sie begann zu zittern.

Auch diesmal meinte sie schon am Klang der Türglocke hören zu können, dass er es war. Und Guntram kam nicht allein, was die Sache noch verschlimmerte.

„Tantchen, mach den Keller auf. Wir haben Durst", grölten vier kehlige Männerstimmen. Alle vier waren zwischen dreißig und vierzig Jahre alt, interessierten sich wenig für Arbeit, dafür umso mehr fürs Trinken, und alle vier rochen ungewaschen. Das Lächeln in Amelie Römers Gesicht fror zu einer Grimasse. Sie fürchtete Guntram und seine falschen Freunde so sehr, dass sie sich nicht traute zu widersprechen.

„Ich bringe euch Schnaps", flüsterte sie.

„Aber nicht wieder das billige, gekaufte Zeug", befahl Guntram. „Wir wollen von deinem guten, selbst gemachten."

„Von deinem allerbesten selbst gemachten", ergänzte Pit, der Dickste aus der Gruppe. „Von dem guten Stoff mit 45 Umdrehungen."

Er lachte wiehernd und tätschelte Amelie Römer an der Schulter. Angewidert von der Berührung eilte die nette alte Dame in den Keller und kam mit vier hübsch geschwungenen Halbliterflaschen zurück. „Für jeden von euch eine, nehme ich an?", fragte sie zaghaft. Die Männer hatten es sich inzwischen auf ihrer Couchgarnitur bequem gemacht. Kaum waren die Flaschen auf dem Tisch, gurgelte der edle Brand auch schon die Kehlen hinunter.

Guntram hatte den Fernseher eingeschaltet. Die Männer johlten einer leicht bekleideten Moderatorin zu, die die Vorzüge verschiedener Küchenmaschinen anpries.

„Wir haben Hunger, Hunger, Hunger ...", begannen sie zu skandieren. Pit stapfte in Amelie Römers Küche und fand eine große Schale mit Frikadellen im Kühlschrank.

Auf dem Rückweg kniff er ihr in den Po und rülpste: „Hol noch mal Feuerwasser, Schätzchen."

„Auch für uns", ergänzten die anderen und schwenkten die ausgeleerten Flaschen.

Trüben Mutes schlich Amelie Römer zur Kellertür und ging die ersten Stufen hinab. Ihr Blick fiel auf die schwere Spitzhacke an der Wand, die seit dem Tod ihres Mannes niemand im Haus mehr benutzt hatte. „Ich sollte diesem ganzen Elend ein Ende machen und zu dir kommen, Liebster“, flüsterte sie. Die Spitzhacke war an einer Eisenkette oberhalb der Treppe aufgehängt. Mit all ihrer Kraft löste sie die Hacke und klemmte sie hinter dem Rahmen der Kellertür ein. Sie rechnete: Die Kette ist einen Meter lang, das Gefälle der Kellertreppe 40 Prozent. Sie löste die Kette vom Wandhaken und machte sie am Beschlag der Kellertür fest. „Wenn ich das nächste Mal hineingehe“, malte sie sich aus, „wird die Hacke in Schwung geraten und mich auf der zweiten Stufe treffen. – Hoffentlich so hart, dass ich sofort tot bin.“ Vorsichtig, um ihre Selbstmordapparatur nicht zu gefährden, zog sie die Kellertür zu und trat zurück in den Flur.

Ihre wasserblauen Augen schauten traurig umher. Es tat ihr weh, diese Welt schon bald verlassen zu müssen. Aber die stete Angst vor den Besuchen ihres bösartigen Neffen verdarb ihr den Spaß am Leben.

Kaum hatte sie jedoch die Kellertür zugezogen, erschien Guntram. „Du kommst ohne Schnaps?“, fuhr er Amelie an. Wegen ihrer Angst und der Suizidpläne war sie schneeweiß im Gesicht. Zitternd stand sie vor ihm. Unfähig, auch nur ein Wort zu sagen, schaute sie in seine rotgeränderten Augen.

„Was ist los mit dir?“, fauchte Guntram, wartete jedoch keine Antwort ab. Stattdessen stürmte er mit schweren Schritten auf die Kellertür zu.

„Nein“, hauchte Amelie Römer noch mit schwacher Stimme, doch Guntram hörte nicht auf sie. Er riss die Tür auf, um hinunterzulaufen und sich an den Vorräten der alten Dame zu bedienen. Die Eisenkette spannte sich und brachte die Spitzhacke genau wie von Amelie geplant in Schwung. Es zeigte sich, dass ihre physikalischen Berechnungen ausgezeichnet gewesen waren. Auch wenn ihr Neffe um einiges dicker und kräftiger war als sie, war er doch in etwa gleich groß. Die Spitze der schweren Hacke traf exakt auf seinen Hinterkopf und schlug ein fünf mal fünf Zentimeter großes, scharf abgegrenztes Loch etwa neun Zentimeter tief in seinen Schädel. Guntram war so überrascht, dass er noch nicht einmal schrie. Mit seinem letzten Atemzug sog er den Duft des Tresterbrandes ein, der in Amelie Römers Keller allgegenwärtig war. Dann stürzte er mausetot die Treppe hinunter.

Eine Weile stand die alte Dame fassungslos oben an der Kellertreppe und sah auf den toten Guntram hinab. Er lag auf dem Bauch. Um seinen Kopf herum breitete sich eine Blutlache aus. Die Spitzhacke lag neben ihm. Amelie Römer stakste mit zittrigen Knien die Treppe hinunter. Sie ging zum Regal und griff nach einer ihrer allerbesten Flaschen. Sie genehmigte sich einen Schluck. In Maßen genossen – das wusste sie aus Erfahrung – wirkte dieses Elixier beruhigend und war zudem in der Lage, das Denkvermögen zu steigern.

Guntram wird mich jetzt nicht mehr heimsuchen. Dieser Gedanke war der erste, der aus dem Wirrwarr in ihrem Kopf klar und deutlich hervortrat. Leise begann sie zu murmeln: „Amelie, jetzt musst du die drei anderen loswerden. Und die Leiche.“ – Selbstgespräche hatten ihr, seit sie alleine lebte, schon oft geholfen, logisch zu denken und klare Entscheidungen zu treffen.

Also nahm sie noch einen Schluck von dem Schnaps und redete weiter: „Meine liebe Amelie, mach dir keine Vorwürfe. Du wolltest ihn ja nicht umbringen. Er selbst trägt die Schuld an seinem Schicksal." Sie machte noch eine Denkpause. Dann flüsterte sie: „Und jetzt, liebe Amelie, musst du erstmal dafür sorgen, dass die anderen ihn nicht vermissen."

Sie griff nach einem Korb aus dem Kellerregal, stellte sechs Flaschen Tresterbrand hinein und marschierte mit entschlossenem Schritt ins Wohnzimmer.

„Hier, meine Herren. Sehr zum Wohle", rief sie.

Die Männer waren erwartungsgemäß sturzbetrunken.

„Hey – ho", johlte Pit. „Ich sehe alles doppelt. Eins, zwei, drei, vier – wie viel Kerle sind wir hier?"

Amelie Römer faltete hinter ihrem Rücken die Hände zu einem stillen Gebet: „Oh Herr, lass sie nicht merken, dass einer fehlt …"

Kurt, ein kleiner, dicklicher Mann mit roten Flecken im Gesicht setzte den Satz von Pit lallend fort: „Fünf, sechs, sieben, acht – uiii, das hat der Schnaps gemacht."

Gelächter. Amelie entspannte sich, so gut sie konnte und ging in die Küche, wo sie damit begann, Kartoffeln zu schälen.

Etwa eine Stunde später wankten die Männer an Amelies Küche vorbei zur Haustür und ins Freie. Stille kehrte ein. Die alte Dame ging in ihr Schlafzimmer im zweiten Stock und legte sich aufs Bett. Ihr Blick fiel auf die Balkontür. Die hatte Georg noch eingebaut. Den Balkon dahinter hatte er nicht mehr geschafft. Wenn mein Leben jetzt wieder in Ordnung kommt, dann rufe ich einen Schreiner und lasse endlich den Balkon anbauen, beschloss sie. Diese Tür ins Nichts war einfach lebensgefährlich. Man konnte ja nie wissen, ob sie vielleicht mit dem Schlafwandeln anfangen würde. Sie konnte sich zwar nicht erinnern, dass jemals etwas Derartiges über sie gesagt worden wäre. Trotzdem: Durch eine glückliche Fügung war sie dem Tod gerade noch einmal entronnen. Jetzt sollte der Schreiner den Balkon instand setzen, damit ihr eben gerettetes Leben nicht durch einen unfertigen Balkonanbau gefährdet würde. Wie es mit guten Vorsätzen allerdings so ist, hatte sie ihn zwar schnell gefasst – dann aber doch alsbald wieder vergessen.

Sieben Wochen gingen inzwischen ins Land. Niemand vermisste Guntram. In einer gewaltigen Kraftanstrengung begrub Amelie seine Leiche hinter dem Haus. Da sie vorsichtshalber nur nachts arbeitete, brauchte sie dafür eine ganze Woche. Ihre Freundinnen aus dem Strickclub wunderten sich zwar über die Schwielen an ihren Händen und die Ringe unter ihren Augen. Aber als sie erklärte, sie habe ihren Weinkeller aufgeräumt und dabei schwere Eichenfässer schleppen müssen, nickten die Damen zustimmend mit den Köpfen. „Diese Arbeit hättest du deinen nichtsnutzigen Neffen machen lassen sollen“, sagten sie nur. Und Amelie antwortete: „Ja, der Guntram. In letzter Zeit ist er wirklich zu gar nichts mehr zu gebrauchen.“ Damit hatte sie zweifellos Recht.

Doch als der tote Guntram exakt acht Wochen in Amelies Garten lag, kam plötzlich ein anonymer Brief.

Er enthielt nur eine Zeile: „Ich kenne dein mörderisches Geheimnis. 30.000 in bar, oder …“ – Der Satz war nicht zu Ende geführt.

Zitternd ließ Amelie Römer sich auf ihren weiß gestrichenen Küchenstuhl fallen. Sie starrte aus dem Fenster, als ob der sanft ansteigende Hügel mit den Weinreben vor ihrem Haus eine Antwort wüsste. Wenn doch nur ihr geliebter Mann noch da wäre. Georg hatte immer gewusst, was zu tun war. Manchmal sprach er im Traum zu ihr. Aber darauf zu warten, erschien Amelie in der jetzigen Situation zu passiv. Sie packte zwei Gläser und eine Flasche Tresterbrand in ein Körbchen. „Georg", murmelte sie, „lass uns etwas zusammen trinken."

Trotz ihres Alters hatte Amelie Römer einen kräftigen, zügigen Schritt. Ohne außer Atem zu kommen, schaffte sie es über die Weinberge bis zum alten Friedhof auf der Anhöhe. Von dort hatte man einen herrlichen Ausblick auf den Rhein. Georg hier oben bestatten zu dürfen, hatte sie ein ordentliches Bestechungsgeld gekostet, denn eigentlich war der Gottesacker voll belegt und durfte nicht mehr erweitert werden. „Schön hast du es hier, mein Liebster", flüsterte sie, als sie sich neben den großen Granitblock setzte. Die Erde war von der Sonne leicht angewärmt. Amelie schenkte zwei Gläser ein. „Prost, Georg", sagte sie. „Ich …", sie zögerte einen Moment. „Ich weiß, du solltest eigentlich deine Ruhe genießen. Aber ich habe ein Problem."

Georg hörte geduldig zu. Zuhören und logische Schlüsse ziehen, das waren schon immer seine Stärken gewesen. Und er hatte diese Eigenschaften, wie Amelie zufrieden bemerkte, auch mit dem Tod nicht verloren. Eine Stunde später war die Flasche zur Hälfte leer, und Amelie Römer ging nach Hause. Ihr Gesichtsausdruck wirkte gelöst und entspannt.

Es dauerte zehn Tage, dann meldete sich der Erpresser am Telefon. Er versuchte seine Stimme zu verstellen, doch Amelie erkannte Pit sofort. Verdammt, er musste etwas mitbekommen haben. Offenbar war er an Guntrams Todestag nicht so betrunken gewesen wie die anderen. „Hast du das Geld?“, fragte er in barschem Ton.

„Natürlich“, flüsterte Amelie. Sie hoffte, dass ihre Stimme ängstlich genug klang. „Mein Herr – ich habe …“ – sie schluckte kurz und simulierte ein Schluchzen – „… ich habe das Geld versteckt. Sie können es sich abholen.“

„Und keine Polizei?“, herrschte Pit sie an.

„Natürlich keine Polizei. Da würde ich doch selbst …“

Pit lachte ein hässliches Lachen. „Natürlich. Das wäre sehr dumm von dir, Tantchen.“

Einen Moment lang hätte sie fast die Beherrschung verloren und ihm untersagt, sie „Tantchen“ zu nennen. Gerade noch rechtzeitig konnte sie sich auf die Zunge beißen.

„Bitte gehen Sie zum Grab meines Mannes auf dem alten Friedhof. Hinter dem Grabstein habe ich in fünfzig Zentimeter Tiefe eine Tüte versteckt. Es sind genau dreißigtausend drin. Wie Sie es verlangt haben.“

„Wenn du mich reinlegst, kannst du was erleben“, krächzte Pit.

„Werden Sie mich danach in Ruhe lassen?“, fragte Amelie. Diesmal gelang ihr das Zittern in der Stimme ausgesprochen gut.

Wieder lachte Pit sein hässliches Lachen. Es klang wie das Klappern eines Tellerstapels und endete mit einem pfeifenden Atemzug. „Das entscheide ich, Tantchen.“ Dann legte er auf.

So gierig, wie dieser Kerl ist, wird er gleich heute Nacht auf den Friedhof gehen, dachte Amelie Römer, und damit sollte sie Recht behalten. Sie kauerte sich hinter einen Busch an Georgs Grab und wartete ab. Pit erschien, als die

Kirchturmuhr gerade zehnmal schlug. Er sah sich kurz um, entdeckte die weißhaarige alte Dame jedoch nicht. Schnaufend begann der korpulente Mann damit, hinter dem Grabstein zu schaufeln. Es ging sehr leicht, denn Amelie hatte zuvor die gesamte Erde rund um den Stein gründlich gelockert. Auch diese Arbeit hatte sie mehrere Nächte gekostet und ihre Freundinnen aus dem Strickclub hatten dazu bemerkt, dass jetzt wirklich mal Schluss sein müsse mit der Schufterei im Weinkeller.

Als sie nach drei Nächten heftigen Grabens ganz sicher war, die Erde ausreichend gelockert zu haben, hatte sie – um alles wirklich echt aussehen zu lassen – einen der roten Aufkleber der Friedhofsverwaltung vom Nachbargrab besorgt: „Achtung, Umsturzgefahr", prangte jetzt in großen Lettern auf Georgs Grabstein.

Sie hatte noch kurz daran gerüttelt. Der Stein war so locker, ein Kaninchen hätte ihn umstürzen können. Das einzige Risiko schien zu sein, dass er vorzeitig kippen könnte.

Doch jetzt stand er zum Glück noch und Pit schaufelte dahinter schnaufend nach Geld.

Natürlich achtete er in seiner Gier nicht auf den warnenden Aufkleber.

Amelie lauerte in ihrem Versteck, bis sie den richtigen Zeitpunkt für gekommen hielt. Pits Kopf war gerade hinter dem Grabstein verschwunden, als sie losstürmte. Sie warf sich mit aller Kraft gegen den Stein. Der stürzte wie geplant um. Diesmal jedoch waren ihre physikalischen Berechnungen leider nicht ganz perfekt. Der Grabstein krachte zwar zu Boden, doch er traf nur die Hand des Erpressers. Pit jaulte auf. Er zog die Hand unter dem Grabstein hervor. Der Speichenknochen war zerschmettert. Die Hand stand in einem unnatürlichen Winkel ab und verursachte höllische Schmerzen. Brüllend wie ein Stier ging er auf Amelie los. „Das wirst du mir büßen“, schrie er.

Jetzt ist alles aus, war das erste, was sie dachte. Und dann: Nichts wie weg hier. Sie rannte, so schnell ihre fünfundsiebzig Jahre alten Beine sie trugen. Zum Glück war sie gut in Form. Ihre Arterien waren dank mäßiger aber regelmäßiger Spülung mit Wein und Tresterbrand nur geringfügig verkalkt. Sie hatte nie geraucht, und ihre Lunge versorgte sie auch in ihrem hohen Alter gut mit Sauerstoff. Trotzdem reduzierte sich der Abstand zwischen ihr und dem hinter ihr her keuchenden Pit mehr und mehr. Als sie zu Hause angekommen war, hatte er sie beinahe eingeholt. Sie schaffte es nicht, die Haustür abzusperren, bevor auch er hineinstürmen konnte. Amelie stolperte die Treppen hinauf: in den ersten Stock, in den zweiten. Pit schlug mit seiner verletzten Hand an das Geländer, fluchte und fiel ein paar Meter zurück. Im Schlafzimmer im zweiten Obergeschoss riss Amelie die Tür zum Balkon auf, den Georg vor seinem Tod nicht mehr hatte fertig stellen können, und versteckte sich im Schrank. Schnaufend kam Pit herein. „Wo steckst du?“, brüllte er. Und ohne eine Antwort abzuwarten: „Ach – auf dem Balkon. Na warte.“ Ohne rechts und links zu schauen, stürmte er aus der Tür. Als seine Füße ins Leere traten, schrie er kurz auf. Dann folgte ein dumpfer Schlag, das Geräusch von splitterndem Glas und danach nur noch Stille.

Amelie Römer rief die Polizei.

„Gnädige Frau, Sie sollten Ihre Tür nachts wirklich abschließen, damit keine Einbrecher hereinkommen können“, erklärte Kriminalhauptkommissar Ellermann während er zusammen mit der alten Dame einen kleinen

Schluck von ihrem Tresterbrand verkostete. Das bisschen musste auch im Dienst erlaubt sein. Die beiden saßen im Hof des Weinguts, wo der tote Pit gerade von den Kriminaltechnikern aus dem Container mit leeren Weinflaschen gehoben wurde. Eine Scherbe hatte seine Halsschlagader durchtrennt.

„Vierzig Prozent?", fragte der Kommissar, während er das zweite Gläschen Schnaps zu sich nahm.

„Fünfundvierzig", lächelte Amelie. „Rezept von meinem Georg. Er mochte keine halben Sachen."

„Bis auf den halbfertigen Balkon", erwiderte der Kommissar lächelnd und hob sein Glas.

Weinbergschnecken

Stephan Reinbacher

Schon als ich Klaus zum ersten Mal sah, gefiel er mir überhaupt nicht. Das Schlimmste an dem Kerl war sein Tempo: Er bewegte sich hastig. Er war immer in Eile. Als er auf unserem Weinberg auftauchte, konnte niemand von uns glauben, dass dieser Mann überhaupt ein Winzer wäre. Wie wollte er, wenn er mit solcher Unruhe durch die Reben rannte, reife von unreifen Trauben unterscheiden?

Jede Wette, dieser Ignorant hatte noch nicht einmal den traumhaften Blick auf den Rhein bemerkt, so schnell war er durch den Wingert gestürmt.

Zugegeben, im Vergleich zu meinem Durchschnittstempo ist selbst ein Regenwurm ein pfeilschneller Sprinter. Aber Klaus – das stand für mich gleich fest – Klaus war unsympathisch und gefährlich, allein wegen seines Tempos.

Am Abend nach meiner ersten Begegnung mit Klaus saß ich mit Jolante und Siegfried auf unserem Lieblingsstein. Wir ließen die Rheingauer Abendsonne auf unsere Häuser scheinen und wiegten die Fühler im Wind. Unter uns lag das Dorf, etwas weiter entfernt glitzerte das Wasser. Wenn man genau hinschaute, konnte man die Rheindampfer erkennen. Im Schneckentempo glitten sie vorbei. Die unserer Ansicht nach eleganteste Art sich fortzubewegen, die Menschen je erfunden haben.

Auch Jolante hatte Klaus bereits gesehen. Sie befürchtete das Schlimmste. „Er hat Erntemaschinen“, sagte sie mit zitternder Stimme. „Blau lackierte Ungeheuer, die in mörderischem Tempo selbst dreißig Prozent Steigung überwinden. Wir werden nirgends mehr sicher sein."

Unser Weinberg ist einer der steilsten in der Region. Deshalb – und vielleicht auch aus Überzeugung – hatte Karl-Dietrich, der alte Winzer, ihn immer in Handarbeit versorgt und abgeerntet. Ach, Karl-Dietrich: wir vermissten ihn so sehr. Gelegentlich hatte er sogar einer von uns übers Häuschen gestreichelt. Nie hatte er sich beschwert, dass wir ein bisschen an seinen Blättern naschten. Im Gegenteil. „Dass ihr da seid, zeigt mir: Hier ist alles gesund." So hatte er über uns gesprochen. Und wir hatten es ihm gedankt, indem wir keinen seiner Weinstöcke so schlimm abgefressen hatten, dass er eingegangen wäre.

Wir besprachen eine Weile das weitere Vorgehen. „Wer etwas ausrichten will, muss ran an den Feind", sagte ich schließlich. Die anderen sahen mich mit einer Mischung aus Bewunderung und Zweifel an. „Wenn er das nächste Mal mit dem Wagen kommt, versuche ich hineinzukrabbeln." Ich wusste selbst nicht genau, woher ich den Heldenmut nahm.

„Ich bin dabei", erklärte Siegfried nach einem Moment des Überlegens. „Ich auch." Jolantes Fühler zitterten etwas. Aber in ihrem Blick lag Entschlossenheit.

Die Gelegenheit kam früher als gedacht – nämlich schon drei Wochen nach unserem Entschluss. Klaus, der neue Winzer, fuhr mit dem Trecker in den Weinberg und hatte sogar seinen alten, geräumigen Hänger hinten dran. Der Hänger stand etwa zehn Meter von uns entfernt, und wir schafften die Strecke in zweieinhalb Stunden. Das war eindeutig rekordverdächtig. Schnaufend ließen wir uns auf die

Ladefläche fallen. Schon kurz darauf wurde der Motor wieder gestartet. Wir fuhren in den alten Gutshof.

„Wieso hat Karl-Dietrich das alles nur aufgegeben?", fragte Jolante, als wir in der herrlichen Kelterhalle angekommen waren. Es war ein wirklich schöner Rheingauer Hof. An den Wänden in der Halle hingen halbe Weinfässer, die mit Blumen geschmückt waren. Ein riesiger Kachelofen versprach wohlige Wärme im Winter. Wir versuchten, Klaus zu folgen, als er aus dem Trecker gestiegen war, aber natürlich war er viel zu schnell für uns. Also schlichen wir uns in der Richtung vorwärts, in der wir glaubten, ihn finden zu können. Ich kann heute nicht mehr genau sagen, wie lange unsere Suche dauerte. Aber wir schliefen einige Male dabei ein und wachten wieder auf. Zum Glück hatte Jolante daran gedacht, ein Täschchen mit Weinblättern als Picknick für uns einzupacken. Endlich hörten wir Stimmen und rochen den typischen Geruch von Menschen. Klaus und eine Frau, die wir nicht kannten, saßen am Tisch und tranken.

„Psst", machte Jolante, was völlig überflüssig war, denn unsere Unterhaltung ist für Menschenohren prinzipiell unhörbar.

Die beiden am Tisch prosteten sich zu. „Auf unseren kleinen Trick", lachte die Frau. „Auf den armen Karl-Dietrich", erwiderte der Mann. „Ach was soll's" – jetzt kicherte die Frau. „Wer zu blöd ist …"

Nun fing auch der Mann an zu lachen. „Am besten fand ich, wie du die Beamtin von der Weinkontrolle gespielt hast", sagte er und tätschelte ihr das Bein. – „Tja, Herr Banser, das sieht nicht gut aus. Das kann für Sie sehr teuer werden …" – Beide wiederholten diese Sätze immer wieder und immer lauter kichernd. Offenbar fanden sie sehr komisch, was sie da erzählten. Wir verstanden erstmal nur Bahnhof.

„Prost“, rief Klaus. „Auf alles, was jetzt uns gehört.“

„Prost – auf unser schönes Weingut“, erwiderte die Frau. Sie lallte schon ein bisschen.

Bei Jolante fiel der Groschen zuerst. „Jetzt weiß ich's: Die haben Karl-Dietrich vorgemacht, er sei in Schwierigkeiten. Wetten, dass er dann sein Weingut viel zu billig hergegeben hat?“

„Karl-Dietrich war noch nie ein großer Geschäftsmann. Immer ehrlich. Und vor den Weinkontrolleuren hatte er Angst, obwohl er alles richtig machte“, ergänzte ich.

„Diese Schweine“, raunte Siegi.

„Was machen wir jetzt?“, fragte Jolante. Das wusste ich auch nicht. Mir war nur klar, dass wir handeln mussten. Unseren guten alten Karl-Dietrich so übers Ohr zu hauen. Das schrie nach Rache.

„Wir stehen ziemlich schlecht da“, begann Siegi. „Die sind größer, stärker und viel schneller als wir.“

„Aber wir sind einer mehr“, versuchte Jolante uns Mut zu machen. Nun ja, da hatte sie Recht. Aber andererseits …

„Einen großen Vorteil haben wir aber doch“, sagte ich schließlich. „Wir sind bei ihnen auf dem Hof, und sie wissen es nicht. Und wenn wir weiter vorsichtig sind, dann werden sie es auch nicht merken.“ Wir zogen uns in eine dunkle Ecke zurück und machten einen Plan.

Schon am nächsten Morgen begannen wir mit der Arbeit. Unter einem Waschbecken im Nebenraum entdeckten wir eine Flasche Abflussreiniger. Wie dieses Zeug wirkt, hatte Jolante einmal erlebt, als einer ihrer Neffen dritten Grades an einem der weißlichen Krümel geleckt hatte. Der Ärmste hatte sich in Krämpfen gewunden und war schließlich gestorben.

Wir waren uns nicht sicher, wie die Folgen für Menschen sein würden. Gewiss nicht so schlimm, aber hoffentlich doch recht unangenehm. Und so bildeten wir Tag für Tag eine Schneckenkarawane: Jolante voraus, dann Siegi, dann ich. Jeder mit drei Körnern auf dem Hausdach. Wir brachten sie zu der Kiste mit Weinflaschen, die am Ende der Kelterhalle stand.

Ich denke, es vergingen Monate, während wir unsere Arbeit verrichteten. Nach meinem Eindruck befand sich inzwischen am Boden jeder Flasche eine weißliche Schicht. Doch immer noch hatte Klaus nicht mit dem Abfüllen begonnen.

„Wann geht's los?", fragte Jolante. Sie konnte es genau wie wir nicht mehr abwarten, das Ergebnis unseres Rachefeldzugs zu beobachten.

Endlich ging Klaus mit den präparierten Flaschen in den Keller und brachte sie kurz darauf gefüllt zurück. Flasche für Flasche verkorkte er sorgfältig und legte sie in ein Regal. „Euch heb' ich für besondere Anlässe auf."

Oh ja, das würde ein Anlass werden, auf den wir uns schon freuten.

Doch dann geschah das Entsetzliche: Ausgerechnet Karl-Dietrich kam zu Besuch. Unser guter alter Winzer Karl-Dietrich. Er setzte sich genau unter das Regal mit den manipulierten Flaschen. Wir konnten nur beten, dass er nicht von dem mit Abflussreiniger vermischten Wein trinken würde. Siegi ging sogar so weit zu sagen, dass wir das alles besser hätten nicht tun sollen. So rasch wir konnten, krabbelten wir in einen Spalt zwischen Boden und Wand, von dem aus sich die Szenerie gut beobachten ließ.

Auch das Gespräch der beiden konnten wir sehr gut verstehen.

„Das Spiel ist aus“, sagte Karl-Dietrich und tippte dem neuen Winzer mit einem Finger auf die Brust. „Ich habe euren Betrug bemerkt. Ihr müsst mich ja für saublöd gehalten haben. Aber jetzt weiß ich, dass es deine Frau war und niemand von der Weinkontrolle. Der Kaufvertrag ist unwirksam, das ist ja wohl klar. Entweder wir machen sofort alles rückgängig – oder ich gehe zur Polizei.“

„Auch das noch“, jammerte Jolante, „er hat es natürlich selbst gemerkt. Wir hätten gar nichts tun müssen. Wenn er jetzt nur nichts von dem Wein trinkt.“

Als hätte er unsere Befürchtungen gehört, stellte Klaus zwei Gläser auf den Tisch. „Lass uns erst einmal einen Schoppen trinken. Wir könnten doch einfach den Preis nachbessern, was meinst du?“

Karl-Dietrich sah ihn zweifelnd an. „Ich glaube kaum“, sagte er. „Du hast mich einmal betrogen, du wirst es wieder tun. Er dachte einen Moment nach. „Aber ich habe mich noch nie geweigert, mit jemandem ein Glas zu trinken, der mit mir sprechen möchte.“

Klaus nickte zustimmend.

„Oh nein“, stöhnte ich in meinem Versteck. „Was machen wir nur.“ Ich war drauf und dran, über den Fußboden zu kriechen, um Karl-Dietrich auf irgendeine Art zu warnen. Vielleicht könnte ich sein Glas umstoßen?“ Ich taxierte die Entfernung: mindestens sechs Meter. Bis ich dort angekommen wäre, hätte er längst ausgetrunken. Außerdem würde er ja nicht verstehen, was das alles soll. So blieben wir zitternd in unserem Versteck. Und wir erlebten mit, wie das Drama eine Entwicklung nahm, mit der wir überhaupt nicht gerechnet hatten.

Klaus ging nicht zu den frisch abgefüllten Flaschen im Regal, sondern in einen Nebenraum. Aus unserem Versteck konnten wir beobachten, was er dort tat. Karl-Dietrich saß mit dem Rücken zu ihm und merkte offenbar nichts. Auf einem Tisch in dem Nebenraum stand eine einzelne Weinflasche. Klaus schüttete etwas aus einem kleinen Fläschchen in diese Flasche, bevor er mit dem Wein in der Hand zurückkam.

„Na dann, sehr zum Wohl", sagte er, als er zwei Gläser gefüllt hatte. „Prost", erwiderte Karl-Dietrich und nahm einem großen Schluck. Uns fiel auf, dass Klaus selbst nichts trank, Karl-Dietrich aber merkte es nicht. „Um Gottes Willen", zischte Jolante, „er vergiftet ihn."

„Verdammt", sagte Siegi, „und wir müssen das mit ansehen.

Das Gift schien stark zu sein, denn noch während wir sprachen, rutschte Karl-Dietrich vom Stuhl und blieb schräg unter den Tisch geklemmt liegen.

„Tja mein Guter", feixte Klaus, „wer's mit mir aufnehmen will, muss schon früher aufstehen."

Wir drei schlugen die Hände vors Gesicht und hätten fast verpasst, was nun geschah.

Die Frau, mit der Klaus schon am ersten Tag zusammen getrunken hatte, kam herein.

„Hast du ihn erledigt?", fragte sie.

„Er schnauft noch – aber nicht mehr lange", sagte Klaus.

„Komm, dann probieren wir erstmal unseren neuen." – Die Frau griff nach einer Flasche aus dem Regal. Mein Herz pochte. Jolante und Siegi ging es gewiss ähnlich: Sie nahm eine Flasche aus *unserem* Regal. Eine, die wir präpariert hatten.

Als sie einschenkte, sah sie ihren Mann kurz zweifelnd an: „Der schäumt ganz schön, oder?"

„Der ist jung und frisch, runter damit", war alles, was Klaus sagte. Dann nahm er einen tiefen Schluck. Gleich darauf hallte sein gellender Schrei durch das Gehöft. „Hilfe, ich verbrenne. Hilfe, was ist das?“

Klaus sprang auf und hielt sich die Kehle. Er war völlig außer sich. „Einen Notarzt“, keuchte er. „Ruf einen Notarzt.“ Dann stürzte er zu Boden.

Der Notarzt kam schnell und kümmerte sich sowohl um Klaus als auch um Karl-Dietrich.

„Mit dem hier hat es keinen Zweck mehr“, hörten wir ihn sagen. Zitternd drückten wir unsere Augen zu. Wir wollten gar nicht wissen, wer von den beiden Männern es nicht überstanden hatte.

Dann hörten wir plötzlich eine vertraute Stimme. „Ja, bin ich denn jetzt eingeschlafen bei dem Kerl? Hab ich so viel von seinem elenden Fusel gesoffen?“ – Es war unser alter Winzer Karl-Dietrich.

„Nein“, erklärte ihm der Arzt. „Sie sind ganz offensichtlich Opfer eines Giftanschlags geworden und können froh sein, dass ich so schnell gerufen wurde. – Der da allerdings ...“ – er deutete auf Klaus, der leblos auf dem Boden lag – „Der da hat irgendwas anderes getrunken. Etwas, das Luft- und Speiseröhre total zerstört hat. Ich konnte nichts mehr für ihn tun.“

Ein Mann im weißen Overall tauchte auf. Er hatte ein Reagenzglas dabei. „Sein Wein enthält 10,5 Prozent Alkohol – aber 15 Prozent Ammoniak. Keine Ahnung, wie das passieren konnte“, erklärte er. „Wir müssen hier sofort alles beschlagnahmen.“

So schnell wir konnten, gingen wir zum Rückzug über. Vierhundert Meter bis zum Weinberg in weniger als drei Wochen. Das war ganz klar Weltrekord.

Auf dem Highway ist die Hölle los!

Von Rudolf Borries

Er folgte ihr unauffällig, als sie mit ihrem Wagen den Parkplatz der Raststätte verließ. Ihr Auto war feuerrot, sodass er sich von mehreren anderen Fahrzeugen überholen lassen konnte, ohne befürchten zu müssen, sie aus den Augen zu verlieren. Da er sie nicht zu früh auf sich aufmerksam machen wollte, lehnte sich Paul Lohmann entspannt hinter dem Steuer seines silbergrauen Sportwagens zurück und stellte sich seelisch darauf ein, den noch verbleibenden Nachmittag zu genießen.

Schon den ganzen Vormittag hatte er sie während der Fahrt in Richtung Frankfurt auf der Autobahn beobachtet. Ihr kurzes, rotes Haar war leicht gewellt, und die blassgrünen, runden Ohrclips passten farblich genau zur Kostümjacke. Aber erst als sie ins Restaurant gegangen war, hatte er feststellen können, was für eine gute Figur sie hatte. Der Job versprach wesentlich angenehmer zu werden, als der letzte mit der unverheirateten, älteren Lehrerin, die alle Warnungen von Freunden bezüglich alleinstehender Damen auf langen Fahrtstrecken in den Wind geschlagen hatte. Es war kein schönes Gefühl gewesen, wie sie da so zitternd und völlig aufgelöst vor ihm stand. Als Junge hatte er gerade vor Lehrerinnen großen Respekt gehabt. Aber da sie vor Klassen kleiner Jungen und Mädchen wohl kaum je eine ähnliche Situation erlebt hatte, war ihre Reaktion durchaus verständlich gewesen.

Mittlerweile gab sie sicher wieder Unterricht ... ärmer zwar, doch wesentlich klüger.

Lohmann beschloss, dass der Zeitpunkt gekommen sei, sich bemerkbar zu machen und den Wagen der jungen Frau zu überholen. Er fuhr stetig näher auf. Als er schließlich an ihr vorbeiraste, würdigte er sie keines Blickes und drückte das Gaspedal einen weiteren Kilometer lang durch. In die nächste Tankstelle bog er ein und rollte vor die Zapfsäule.

Während der Tankwart den Wagen auftankte, beobachtete Lohmann die vorbeifahrenden Autos. Nachdem auch der feuerrote Wagen die Tankstelle passiert hatte, bezahlte er mit seiner Kreditkarte und fuhr hinterher.

Dieses Spielchen, bei dem er überholte und sich überholen ließ, trieb er bis Sonnenuntergang. Er wusste, dass sie sich inzwischen an den Anblick seines Sportwagens gewöhnt haben musste. Die Idee für solche Aktionen war ihm zum ersten Mal vor Jahren auf der Fahrt nach Wiesbaden gekommen, nachdem er gemerkt hatte, dass man auf der gesamten Strecke immer wieder denselben Autos begegnete, sie überholte oder von ihnen überholt wurde. Und wenn man Wiesbaden erreicht hatte, hatte man schließlich das Gefühl, alle gut zu kennen. Lohmann hatte im Laufe der Zeit einen Blick für reisende Singles entwickelt, die mit Bargeld und nicht mit Kreditkarten bezahlten.

Als das letzte Sonnenlicht verschwunden war, sah Lohmann, dass die junge Frau im feuerroten Wagen die Fahrt verlangsamte. Die ersten Hotels kamen in Sicht. Offenbar hielt sie nach einem Hotel Ausschau, in dem sie die Nacht verbringen konnte. Kluges Mädchen, dachte Lohmann. Sie macht rechtzeitig Schluss, entspannt sich und geht dann früh zu Bett.

Er tippte darauf, dass sie zu den Fahrerinnen gehörte, die noch vor Sonnenaufgang wieder aufbrachen. Normalerweise waren ihm Langschläfer lieber, aber bei einem so gutaussehenden weiblichen Wesen, konnte man schon mal Konzessionen machen.

Er vergrößerte den Abstand zu dem feuerroten Wagen, und als die Rothaarige bei einer flackernden Neonreklame mit der Aufschrift: *SWIMMINGPOOL* abbog, fuhr er an den Straßenrand und hielt an. Nachdem ihr Wagen nach zehn Minuten nicht wieder aufgetaucht war, fuhr er langsam in Richtung Hotel weiter.

Mehrere Autos überholten ihn. Als er die Einfahrt erreichte, sah er das feuerrote Auto auf dem Parkplatz, vor dem Hotel Novotel stehen. Das Hotel in Niederrad war offenbar nur mäßig besetzt. Es schien noch eine Menge freier Zimmer zu geben. Lächelnd gab Lohmann wieder Gas. Nachdem er in einem Schnellrestaurant einen Hamburger und einen Milchshake zu sich genommen hatte, kehrte er zum Hotel zurück und mietete sich einige Zimmer weiter, neben der Rothaarigen ein.

Er ließ seinen Koffer im Wagen, schob einen Stuhl ans Fenster, stellte die Jalousien so, dass er hinaussehen konnte, ohne gesehen zu werden, und wartete.

Er hatte richtig getippt. Es dauerte nicht lange, bis die junge Frau in einem eleganten, meergrünen einteiligen Badeanzug auftauchte und in Richtung Swimmingpool ging. Sie trug keine Badekappe. Vermutlich sah es die Hoteldirektion nicht gern, wenn Frauen ohne Kopfbedeckung badeten, aber sie hatte kurzes Haar, und ihrem selbstbewussten Gang nach zu urteilen, war sie nicht der Typ, der sich von Hotelmanagern einschüchtern ließ. Andererseits war sie auch nicht der Typ, mit dem sich

Hotelmanager anlegten ... es sei denn, er wäre weiblichen Geschlechts.

Lohmann wartete, bis sie im Wasser war. Dann ging er zum Wagen hinaus, nahm sein Gepäck gemächlich aus dem Kofferraum, um ihr Gelegenheit zu geben, ihn – durch die Plexiglasscheibe der Schwimmhalle – als den Fahrer zu erkennen, den sie bereits mehrmals während des Tages gesehen hatte, und war sorgfältig darauf bedacht, nicht in ihre Richtung zu schauen.

Es war schade, dass seine Art der Beschäftigung ihm nur selten die Möglichkeit bot, seinen gutgewachsenen, muskulösen Körper zur Schau zu stellen. Lohmann betrachtete sich zufrieden im Spiegel. Aber wenn er es in diesem Job richtig anstellte, waren Muskeln nicht nötig. Trotzdem schien es geradezu Verschwendung zu sein, einen solchen Körper immer unter seiner Kleidung verstecken zu müssen. Er hatte schließlich hart an sich gearbeitet, um seine Muskeln zu trainieren.

Lohmann dankte insgeheim der Rothaarigen, dass sie sich ein Hotel mit Swimmingpool ausgesucht hatte.

Das Wasser hatte eine angenehme Temperatur, war jedoch zu stark gechlort. Nachdem er viermal hin- und hergeschwommen war, saß sie bereits mit einer Zigarette in einer Hand in einem Korbstuhl. Da sie die einzigen Badegäste am Swimmingpool waren, wusste er, dass sie ihn beobachtete. Und da sie allein waren, war es das Natürlichste auf der Welt, dass er sich an der Treppe aus dem Becken zog, das Wasser über seine gebräunte Haut ablaufen ließ, sich auf den Beckenrand schwang und mit den wiegenden Schritten des Athleten zu dem Stuhl neben ihr ging.

„Ein herrlicher Abend“, begann er, bog den Kopf zurück und hielt nach dem ersten Stern Ausschau.

„Ja, wirklich“, stimmte sie gelassen zu, ohne den Blick von den Lichtern auf der Hauptstraße zu wenden.

„Ich habe Sie doch heute schon während der Fahrt gesehen“, sagte Lohmann. „Wenn man allein hinter dem Steuer sitzt, ist es bis Wiesbaden verdammt weit.“

Sie sah ihn zum ersten Mal an, und Lohmann fühlte, wie sein Herz schneller zu klopfen begann. „Woher wissen Sie, dass ich nach Wiesbaden will?“

„Ist das nicht das Wahrscheinlichste? Wenn man die Strecke so oft fährt wie ich, dann sieht man es den Leuten an, wer noch eine lange Fahrt vor sich hat oder wer nur schnell einen Abstecher zur Schwiegermutter macht.“

Sie lachte leise und kehlig. Eine so hübsche Frau, die allein reiste, riskierte tatsächlich einiges. „Ich bin übrigens auf Urlaub hier“, erklärte sie. „Nach einem Jahr kann der Job bei einer Bank schrecklich langweilig werden.“

„Das kann ich mir vorstellen“, stimmte er zu.

„Haben Sie auch Urlaub?“

„Ja, das könnte man sagen. Ich bin Vertreter eines Versicherungsunternehmens. Aber mein Job macht mir soviel Spaß, dass ich es jedes Mal als Urlaub auffasse, wenn ich wieder auf der Straße bin.“

„Wie schön für Sie! Ich wünschte, mein Beruf würde mir auch soviel Freude machen.“

„So wie ich die Lage sehe, haben Sie zwei Alternativen“, bemerkte er grinsend. „Sie können entweder den Job wechseln oder heiraten.“

Sie lachte erneut, und Lohmanns Ohren begannen heiß zu werden.

„Im Augenblick ist keins von beiden realisierbar … leider.“ Sie stand auf und zog ihr Handtuch enger um sich. „Mir wird es jetzt zu kühl.“

Lohmann war sofort aufgesprungen. „Bitte, halten Sie mich nicht für aufdringlich. Aber es ist noch so früh am Abend. Darf ich Sie irgendwo zu einem Drink einladen?"

„Nein, ich glaube kaum", wehrte sie ab, und ihre Stimme klang plötzlich reserviert. „Gute Nacht."

Er sah ihr nachdenklich hinterher und fragte sich, ob er zu übereilt gehandelt hatte. Es war soviel einfacher, wenn die Frauen ihn mochten und ihm vertrauten. Natürlich hatte er noch immer die Möglichkeit, eine andere Methode anzuwenden, aber das tat er nur sehr ungern.

Nachdem er in sein Zimmer zurückgekehrt war, duschte er, zog sich an und ging dann wieder hinaus. Mittlerweile badete eine Familie im Swimmingpool. Der Junge versuchte unermüdlich, seine Schwester unterzutauchen, während die Mutter sich mit einer enganliegenden Badekappe, die ihr Gesicht regelrecht entstellte, am Beckenrand festhielt und der Vater stetig seine Runden schwamm, als wolle er irgendeinen olympischen Rekord brechen, und bei jeder Wende schnaubte und prustete wie ein Wal.

Lohmann ging zu seinem Wagen, als er die Rothaarige kommen sah. Sie schlenderte des Weges, konnte offenbar nicht genug kriegen von dem Sternenhimmel – oder lag es an ihm?

Sie lächelten sich zu. Die junge Frau sah mit ihrem dunkelgrünen Kleid und dem rostfarbenen Haar hinreißend aus.

„Guten Abend", begrüßte er sie erneut.

„Und es ist noch immer ein herrlicher Abend", ging sie darauf ein.

„Ja, viel zu schön, um ihn allein zu verbringen. Darf ich Sie nicht doch noch zu einem Drink einladen?"

Die junge Frau zögerte. Scheinbar war sie unschlüssig. „Also gut“, sagte sie schließlich. „Ich hole mir nur eine Jacke.“

Es war nicht weit, bis zur Günther-Straße. Lohmann kannte dort ein intimes Lokal mit gedämpft beleuchteten Nischen und romantischer Musik – das *ALEXIS SORBAS.*

„Ihr Wagen gefällt mir“, gestand die Rothaarige und drehte das Gesicht in den Fahrtwind.

„Da ich viel unterwegs bin, habe ich mein Geld nicht in eine Wohnung, sondern in einen guten Wagen investiert“, erwiderte Lohmann. „Ich habe ihn letztes Jahr gekauft und behandele ihn wie ein Baby. Sobald auch nur das Geringste kaputt ist, repariere ich es gleich selbst.“

„Ihr Männer seid gut dran“, seufzte die Rothaarige. „Es muss beruhigend sein, überall unterwegs Mängel am Auto selbst beheben zu können. Ich habe mir immer vorgenommen, einen Mechanikerlehrgang zu machen … aber irgendwie hatte ich nie Zeit dazu.“

Lohmann griff nach ihrer Hand, hielt sie hoch, drehte sie hin und her, fuhr schließlich mit den Fingern über die sorgfältig lackierten Nägel und schüttelte den Kopf. „Ich fürchte, das sind keine Hände für einen Mechaniker. Vergessen Sie diesen Lehrgang.“

Sie entzog ihm sanft die Hand. „Vielleicht haben Sie recht. Ich weiß übrigens noch gar nicht, wie Sie eigentlich heißen. Oder sollen wir diese Förmlichkeiten einfach übergehen?“

„Oh, entschuldigen Sie! Paul Lohmann, Gnädigste … stets zu Diensten. Und Sie sind …?“

„Thea Wiegand.“

„Ledig?“, fragte er.

„Ledig“, erwiderte sie lächelnd.

„Woher kennen Sie nur dieses romantische kleine Restaurant?“, fragte sie, nachdem der Ober ihre Bestellung entgegengenommen hatte.

Lohmann zuckte mit den Schultern. „Wenn man so viel unterwegs ist wie ich, dann kennt man sich mit der Zeit aus. Wenn man sich erst mal darum kümmert, findet man viele hübsche Hotels und Restaurants.“

„Sie führen sicher ein interessantes Leben“, bemerkte sie und nippte an ihrem Drink. „Es muss ganz anders sein, als ein Job, bei dem man von sieben bis vier an seinen Schreibtisch gefesselt ist.“

„Ich könnte nicht so leben“, antwortete Lohmann. „Das wäre für mich das reinste Gefängnis – allerdings ein Gefängnis mit Bezahlung.“

„Man kommt sich beinahe vor wie ein Abenteurer, wenn man so allein unterwegs ist. Als sei man sein Leben lang frei wie ein Vogel … anstatt nur für die nächsten zwei Wochen.“

Die Flamme der Kerze auf dem Tisch spiegelte sich flackernd in ihren Augen. Sie kamen Lohmann noch größer, dunkler und geheimnisvoller vor, als bei Tag. Das Atmen bereitete ihm bereits Schwierigkeiten. Er fragte sich, ob die Klimaanlage vielleicht defekt war.

„Möchten Sie tanzen?“

„Sehr gern.“

Sie lag leicht wie eine Feder in seinen Armen und bewegte sich graziös im Rhythmus der Musik. Lohmann seufzte leise. Es war wie ein Traum.

„Sie sind wirklich etwas Besonderes“, bemerkte sie unvermittelt.

„Woher wollen Sie das wissen?“

„Oh, die meisten Männer scheinen zu glauben, man müsse eine Frau beim Tanzen fast erwürgen. Sie halten mich nur ganz leicht fest, und haben viel Gefühl für Rhythmus und Melodie."

Wie feinfühlig sie ist, dachte Lohmann. Für eine so attraktive Frau war das ungewöhnlich. Die meisten dachten doch nur an sich. Und zum ersten Mal befielen Lohmann gewisse Zweifel.

Möglicherweise hatten sich ihre Wege aus ganz anderen Gründen gekreuzt. Vielleicht hielt das Schicksal etwas Wunderbares für sie beide bereit. Es war nicht mehr auszuschließen, dass er seine Pläne ändern musste.

Als er jedoch schließlich vor dem Hotel anhielt, wachte er unsanft aus seinen Träumereien auf. Er hatte den Arm über ihre Sitzlehne gelegt, doch statt eines Kusses bekam er eine schallende Ohrfeige. Mit blitzenden Augen stieg sie aus und marschierte ohne ein weiteres Wort in ihr Zimmer.

Aus der werde ich nicht schlau, sagte sich Lohmann, während er sich auszog. Zuerst geht sie mit mir aus und tut ganz kooperativ, und plötzlich kriegt man eins auf die Nase. Er setzte sich auf den Stuhl am Fenster und wartete, bis die Lichter in ihrem Zimmer ausgingen. Diese Frau war zu launisch, als dass er noch mehr Zeit mit ihr hätte verschwenden können. Er war entschlossen, seinen ursprünglichen Plan einzuhalten. Eine Stunde nachdem sie das Licht gelöscht hatte, verließ er lautlos sein Zimmer und schlich zu ihrem Wagen.

Lohmann hatte den Wecker auf halb acht Uhr morgens gestellt.

Man konnte bei dieser Frau schließlich nicht wissen, wie früh sie aufstehen würde. Er kannte genügend Reisende, die um acht oder neun Uhr morgens ihre Fahrt fortzusetzen pflegten.

Er warf einen flüchtigen Blick aus dem Fenster und sah, dass der feuerrote Wagen noch vor ihrem Zimmer parkte.

Falls sie erst in der Mittagszeit abfahren würde, hatte er eine lange Wartezeit vor sich. Aber das musste er in diesem Geschäft in Kauf nehmen.

Er duschte schnell kalt, und fasste sich dann in Geduld.

Lohmann saß noch immer angezogen und mit gepackten Koffern auf dem Stuhl am Fenster, als Thea Wiegand um neun Uhr ihr Zimmer verließ. Er beobachtete, wie sie den Koffer in den Wagen warf und die Einfahrt hinunterfuhr. Erst als sie die Autobahn erreicht hatte, setzte sie ihre Sonnenbrille auf.

Lohmann beschloss, ihr fünf Minuten Vorsprung zu lassen.

Um zehn nach neun fuhr er ebenfalls gemütlich los und registrierte zufrieden, dass noch kaum Verkehr auf der Straße herrschte. Es würde sich bald ändern, doch solange musste er gut auf sie aufpassen. Die Straße hinter dem Hotel wies viele Schäden auf, und es dauerte nicht lange, bis er den feuerroten Wagen am Straßenrand parkend entdeckte. Thea Wiegand saß hinter dem Steuer und versuchte offenbar vergeblich, den Motor wieder zu starten. Er hielt hinter ihr an, stieg aus und ging zur Fahrertür.

„Guten Morgen, Frau Wiegand“, begrüßte er sie höflich. „Haben Sie Schwierigkeiten mit dem Wagen?“

„Oh, ich bin froh, dass Sie da sind, Herr Lohmann. Ich weiß nicht, was plötzlich mit dem Wagen los ist. Unterwegs hat der Motor plötzlich angefangen zu stottern. Ich konnte gerade noch an den Straßenrand fahren, bevor er völlig stehen geblieben ist.“

„Na, dann wollen wir uns den Motor mal ansehen.“ Lohmann öffnete die Motorhaube.

„Vermutlich hätte ich den Mechanikerlehrgang doch machen sollen“, rief sie ihm zu.

„Ich schätze, dass eine so attraktive Frau wie Sie nie Schwierigkeiten haben wird, männliche Hilfe zu finden", erwiderte er lächelnd.

„Ah, ich glaube, da haben wir's schon." Lohmann steckte hastig ein lose herabhängendes Kabel in den Verteiler. „Durch die vielen Unebenheiten der Straße, hat sich ein Kabel aus dem Verteiler gelöst."

„Ist das schlimm?"

„Nein, nein. Aber wenn man nicht weiß, worum es sich handelt, kann es sicher sehr ärgerlich sein." Er wischte sich die Hände an seinem Taschentuch ab. „Jetzt dürfte wieder alles in Ordnung sein."

„Ich weiß gar nicht, wie ich Ihnen danken soll, Herr Lohmann."

„Nennen Sie mich einfach Paul, Thea. Bitte!"

Sie lächelte. „Also gut, Paul. Ich bin Ihnen wirklich sehr dankbar."

„Damen helfe ich immer gern."

„Darf ich Sie zum Dank wenigstens zu einem Drink oder sonst etwas einladen?"

Das *sonst etwas* reizte Lohmann, doch er blieb zurückhaltend.

„Es war doch keine Mühe."

Und während sie so in ihrem Wagen saß und zu ihm aufsah, fiel ihm wieder ein, worauf er es eigentlich abgesehen hatte. Er musste nur zu ihr in den Wagen steigen, sie mit seiner kleinen Pistole in Schach halten, sie um ihr Bargeld erleichtern, ihr einen sanften Schlag auf den Hinterkopf geben und ihre Ohnmacht zur Flucht nutzen. Er räusperte sich. Die Situation war diesmal irgendwie neu für ihn. Aber bisher war auch noch keines seiner Opfer so attraktiv gewesen, wie Thea Wiegand.

Sie sah ihn noch immer mit erwartungsvollem Lächeln an. „Ich bestehe darauf, mich erkenntlich zu zeigen", sagte sie ein wenig atemlos mit fester Stimme. „Fahren Sie bis Wiesbaden hinter mir her. Dort kaufe ich uns eine gute Flasche Wein. Die machen wir dann an irgendeinem hübschen Plätzchen auf."

Für die frühe Morgenstunde war es schon sehr heiß. Lohmann fühlte, wie ihm der Schweiß über den Nacken rann. „Sie schulden mir nichts", wehrte er automatisch ab. Und eine innere Stimme drängte ihn: *Du hast alles mühsam eingefädelt, jetzt komm endlich zur Sache!*

„Bitte!", drängte sie.

„Na gut. Führen Sie mich, wohin Sie wollen, Prinzessin!" Lohmann fuhr hinter dem feuerroten Wagen her und hörte nicht auf seine innere Stimme. Ich tu's, sobald die Zeit reif ist, sagte er sich. Ein kleiner Drink kann schließlich nichts schaden. Außerdem kann diese ständige Fahrerei von Norden nach Süden und von Süden nach Norden ziemlich langweilig werden.

Ich finde, dass ich mir eine kleine Abwechslung redlich verdient habe.

Es war kurz vor zehn, als sie endlich in Wiesbaden ankamen.

Thea Wiegand hielt vor einem Spirituosengeschäft in der Wilhelmstraße, kaufte ein und fuhr weiter. Einige Kilometer hinter der Stadt, an einer Kreuzung, bog sie nach rechts ab.

Die beiden Autos holperten einen staubigen Feldweg mit vielen Kurven entlang. Nach dem Singen der Reifen auf dem Asphalt der Straße, war die ländliche Stille eine Wohltat.

Thea Wiegand hielt unter einem hohen Baum an, dessen ausladende Äste kühlen Schatten spendeten. Eine Kuh hinter einem Weidezaun beobachtete sie gleichgültig. Lohmann stieg aus und setzte sich zu Thea auf den Beifahrersitz. Sie war bereits dabei, die Flasche zu öffnen.

„Im Handschuhfach sind Pappbecher", sagte sie.

Lohmann ließ die Klappe des Handschuhfachs geöffnet, sodass sie als Ablage diente, stellte die beiden Pappbecher nebeneinander dort auf und sah zu, wie sie diese füllte. Nach zwei, drei Gläsern Wein war es leichter, ihr das Geld abzunehmen, dachte Lohmann zuversichtlich. Vielleicht konnte er sie sogar so betrunken machen, dass sie sich später nicht mehr an ihn erinnerte. *Welchen Unterschied macht es schon, ob sie sich an dich erinnert? Sie ist doch nur eine Frau, wie jede andere. Sie wird kaum noch liebevoll an dich denken, wenn sie aufwacht und merkt, dass ihr gesamtes Reisegeld weg ist, oder?*, meldete sich seine innere Stimme wieder.

Sie rückte näher zu ihm, als sie nach ihrem Pappbecher griff.

Sie roch angenehm nach leicht parfümierter Seife und Eau de Cologne. Jammerschade, dachte er. Weshalb konnte sie keine altjüngferliche Lehrerin oder eine freche Verkäuferin sein, wie seine Opfer im vergangenen Monat?

Sie hob den Becher an die Lippen, rückte jedoch nicht weg.

Während sie einen Schluck Wein trank, sah sie ihm über den Rand des Bechers unverwandt in die Augen. Er trank hastig und stellte den Becher auf die Ablage. Dann legte er den linken Arm auf die Rückenlehne ihres Sitzes und berührte sie leicht mit der Hand. Sie lächelte. „Noch ein Glas?", fragte sie leise. Er nickte benommen, und als sie sich vorbeugte, hörte er, wie die Flüssigkeit in den Becher rann. Ihr

Gesicht war jetzt ganz nah an seinem Gesicht. Es kam ihm wie eine Ewigkeit vor, bis sie ihm endlich den Drink reichte. Doch es machte ihm nichts aus. Die Aussicht war wundervoll.

Er konnte sich später überhaupt nicht mehr erinnern, den zweiten Becher getrunken zu haben, doch offenbar hatte er es getan, denn plötzlich wurde ihm klar, dass er leer war und er die Wirkung des Alkohols spürte. Auf das Flaschenetikett hatte er nicht geachtet, doch sie musste etwas Hochprozentiges erwischt haben. Seine innere Stimme, die ihm befahl, endlich ihr Geld zu nehmen und zu verschwinden, kam jetzt von sehr weit her. Er versuchte mit der Stimme zu diskutieren, doch er fand nicht die richtigen Worte.

Lohmann wusste genau, was er wollte. Diesmal würde er auf das Geld verzichten. Er konnte ihr das einfach nicht antun.

Sie war bezaubernd. Sie war liebenswert. Sie war hilfsbereit.

Und sie reiste allein und riskierte einiges. „Auf der Straße treibt sich 'ne Menge Gesindel rum. Sie sollten vorsichtig sein", warnte er sie.

„Ja, ich weiß, Paul", gurrte sie. „Auf der Straße gibt's 'ne Menge Gesindel."

Er beugte sich ein wenig vor, um sie zu küssen. In diesem Augenblick gingen bei ihm sämtliche Lichter aus.

Als Lohmann die Augen wieder aufschlug, sah er staubiges Gras und braune Kiefernnadeln vor sich. Er hob den Kopf und setzte sich langsam auf. Mit Ausnahme der gemächlich wiederkäuenden Kuh, auf der Weide, war er mit seinem Wagen, der noch dort stand, wo er ihn verlassen hatte, allein auf dem staubigen Feldweg. Wie benommen stand er auf und stolperte auf das Auto zu. Die Polster waren herausgerissen, der Inhalt des Handschuhfachs lag verstreut auf Fußboden und Sitzen.

Jemand hatte das Cabrio gründlich gefilzt.

Lohmann schraubte den Deckel von seiner Thermosflasche, schüttete sich das eiskalte Wasser über den Kopf und wusch sich das Gesicht. Nachdem er sein kurzes, blondes Haar gekämmt hatte, fühlte er sich besser.

Plötzlich fing er laut an zu lachen. Er brauchte gar nicht nachzusehen, um zu wissen, dass seine Brieftasche aus der Brusttasche seines Jacketts verschwunden war. Junge, diese Thea Wiegand war gerissen. Was hatte sie gesagt, bevor die K.o. -Tropfen gewirkt hatten: „Auf der Straße gibt's 'ne Menge Gesindel."

Während er sein Auto wieder in Ordnung brachte, dachte er über Thea Wiegand nach: Normalerweise hätte sie sicher das Geld aus der Brieftasche genommen und ihm die Papiere gelassen. Es musste eine herbe Enttäuschung für sie gewesen sein, als sie entdeckte, dass er kein Bargeld, nicht einmal Reiseschecks bei sich hatte. Aus Wut und um sich zu rächen, hatte sie daher die Brieftasche mitgehen lassen. „Der Wagen muss sie zu falschen Schlussfolgerungen verleitet haben", sagte er laut zu der Kuh. „Vermutlich dachte sie, ich sei stinkreich." Die Kuh kaute seelenruhig weiter.

Lohmann bückte sich, zog den Gummischutz vom Gaspedal, nahm den Fünfzigeuroschein, der darunter lag, und drückte den Gummischutz wieder fest. „Sieht so aus, als hätte ich bei der Sache den kürzeren gezogen", murmelte er. „Aber dasselbe kann man wohl auch von ihr sagen."

Nachdem er den Wagen gewendet hatte und zur Hauptstraße zurückfuhr, lachte er unwillkürlich erneut laut auf. Eines Tages würden sich ihre Wege sicher wieder kreuzen. Und wer wusste schon, was dann geschah!

Hochprozentiges

Von Brigitte Czapski

Uwe hatte wenig Zeit. Sein Geschäft lief wirklich gut. Gleich konnte er wieder einen Brennvorgang abschließen und leere Flaschen mit seinem Obstbrand abfüllen. Die Schnapsbrennerei betrieb er auf einem abgelegenen Waldgrundstück nahe Wiesbaden. Er hatte es von seinem Großvater, ehemals Forstrat, geerbt. Dort lebte er seit zehn Jahren, anfangs mit seinen Eltern.

Die alte Brennanlage aus der Nachkriegszeit versah noch immer ohne große Beanstandung ihre Dienste. Im alten Schuppen neben dem Haupthaus, das früher als Forsthaus gedient hatte, waren alle zum Brennen notwendigen Gerätschaften untergebracht, auch die kleine Abfüllanlage. Das ehemalige Kühlhaus, in dem früher die einst von der Försterei angebotenen Wildspezialitäten gelagert worden waren, nutzte er nach einem Umbau mit. Morgen würde er auf dem Idsteiner Markt seinen Verkaufsstand einrichten. Neben der genehmigten Schnapsbrennerei hatte er sich noch eine weitere, nicht ganz legale Geldquelle erschlossen. Er mixte hochprozentige Fruchtbowlen und verkaufte sie in der Regel an Minderjährige, die sich – wie im Zeitalter der Alcopops nicht unüblich – gerne dem Komasaufen widmeten. Und gerade dafür waren seine Mischungen gut geeignet, weil sie einem recht schnell die Füße wegzogen. Er veranstaltete zur Absatzsteigerung einmal im Monat eine Verkostung. Anfangs hatte er nur in seinem Bekanntenkreis und über seine Vereinstätigkeit in Taunusstein Kunden gewonnen. Mittlerweile kannten viele Jugendliche seine kostengünstige Partydroge. Uwes Bekanntheitsgrad war bei den jungen Leuten aus den umliegenden Taunusdörfern groß. Für diesen Abend hatten sich zwölf Personen für die Kostproben angemeldet. Damit er keine Probleme mit der Polizei bekam, waren seine Probierabende als Verkostungen von Likören mit sehr niedrigem Alkoholgehalt ausgewiesen. Zu seiner Klientel zählten oft Mädchen, die genauso trinkfest waren wie die Jungen. Für Uwe war das nicht wirklich verwunderlich. Er hatte schon als Kind einschlägige Erfahrungen mit der Alkoholsucht seiner Mutter sammeln müssen. Uwe war froh, dass seine Mutter vor fünf Jahren endlich verstorben war. Sie war im Treppenhaus gestolpert, die restlichen Treppen herabgestürzt und hatte sich dabei das Genick gebrochen. Uwe hatte sie nach seiner Arbeit – er war für das Konservieren von Missbildungen zu Studienzwecken in der Universitätsklinik Frankfurt verantwortlich – tot aufgefunden und sich erst einmal zwei Stunden mit einem Stuhl vor die Leiche gesetzt und sich diebisch gefreut, dass er endlich seine Ruhe haben würde. Seither ging es ihm von Jahr zu Jahr besser, denn er konnte endlich als Alleinerbe machen, was er wollte. Er hatte gleich ein paar Umbauten vorgenommen. Finanziert wurden diese mit dem Geld aus einer kleinen Lebensversicherung, die seine Mutter zu seinen Gunsten abgeschlossen hatte, als der Alkohol sie noch nicht so fest im Griff hatte. Er kaufte sich auch einen neuen Kleintransporter und baute dort eine größere Kühltruhe ein. Damit er noch ungestörter seinen Interessen nachgehen konnte, hatte er ein paar Überwachungskameras auf seinem Anwesen montieren lassen, eine Einzäunung des Grundstücks mit Stacheldraht vorgenommen und sich zwei Rottweiler zugelegt, die ihm aufs Wort folgten und jede noch so kleine Störung meldeten. Leider löste das Wild aus dem umliegenden Wald nachts des öfteren Fehlalarm aus, der ihn unsanft aus dem Schlaf riss. Dies nahm Uwe in Kauf, denn die Sicherheit, nicht bei seinen Beschäftigungen gestört zu werden, war ihm sehr wichtig.

Gleich war es 23:00 Uhr und die Gäste sollten kommen. Uwe hatte zuvor die ersten Getränkeproben auf einem langen Tisch im Gartenhaus platziert. Um den Tisch waren alte Stühle gestellt. Die meisten der jungen Leute kamen mit ihren Mopeds, Mofas und Fahrrädern aus Taunusstein angefahren. Ein Bekannter Uwes aus Born erschien mit seinem Pkw und brachte vier Jugendliche mit. Alle Besucher waren gut gelaunt, was möglicherweise daran lag, dass sich einige auf die kommende Nacht schon mit ein paar Schlückchen Wodka eingestimmt hatten.

Uwe begann sogleich mit der Präsentation seiner verschiedenen Fruchtbowlen. Alle, bis auf den Fahrer des Pkw, griffen ordentlich zu, auch von den kleinen Häppchen, die Uwe bei jeder Probe zum Neutralisieren des Geschmacks anbot. Während die Gäste ihre Kostproben genossen, genoss es Uwe, sich die anwesenden Mädchen und jungen Frauen – es waren vier – genauer anzusehen. Eine fiel ihm ganz besonders auf. Sie war groß, schlank, hatte kräftiges, blondes, langes Haar und hieß Xenia. Ihre Kleidung war hochmodern und ein Piercing ragte aus ihrem sichtbaren Bauchnabel hervor. Ihr Make-up und ihr Hautschmuck waren durch die Farbauswahl echte Hingucker. Uwe fasste den Entschluss, dass er sie haben wollte. Deshalb zeigte er sich zunächst in besonderer Spendierlaune und holte noch einmal Nachschub an Getränken. Alle Anwesenden freute dies. Keiner lehnte einen weiteren Probeschluck ab. Auch Xenia nicht. Dass sie schon eine gehörige Menge Alkohol intus hatte, konnte Uwe nicht nur an der sich steigernden Gickelei feststellen, sondern auch an der sich zum Nachteil verändernden Wortwahl. Dennoch hielt ihn das nicht davon ab, sich unauffällig in ihre Nähe zu dirigieren, um mit ihr ins Gespräch zu kommen. Als sie Uwe einige Minuten später nach einer Toilette fragte, sah dieser seine Chance als gekommen an. Er begleitete sie aus dem Gartenhaus in das Haupthaus, wo sich im Erdgeschoss eine Toilette befand. Auf dem Weg heuchelte er ihr vor, dass er sich freuen würde, ihr seine nur für den Privatgebrauch hergestellten „Spezialbowlen" einmal anbieten zu können, falls sie Interesse hätte. Xenia war nicht abgeneigt und erwiderte, dass sie das Angebot gerne annehmen würde. Da sie aber schon Pläne für die Nacht hätte, wisse sie noch nicht, wann genau dies sein würde. Sie würde sich bei ihm melden, wenn es passte.

Uwe war im ersten Moment etwas enttäuscht, dass sie nicht gleich eine Verabredung trafen. Aber er wusste auch, dass es für seine Ziele besser war, wenn ein Treffen nicht sogleich nach einer Verkostung stattfand. Also begab er sich wieder ins Gartenhaus und schenkte zum Abschluss sein Highlight aus: Eine Bowle aus Ananas, Kirschen, hochprozentigem Pflaumenschnaps, Wodka, aufgegossen mit Riesling und etwas Mineralwasser. Diese Bowle war seit Monaten ein echter Partyknüller.

Seine Gäste einschließlich der ins Gartenhaus zurückgekehrten Xenia waren besonders von der zuletzt servierten Bowle Variante angetan, aber auch von den allgemein günstigen Preisen. Deshalb gaben viele Gäste am Ende der Proben ihre Bestellungen für demnächst geplante Partys auf. Dann zogen allesamt angeheitert und gut gelaunt davon.

Uwe war nach einer guten Stunde mit den Aufräumarbeiten im Gartenhaus fertig und wollte gerade zu Bett gehen, als sein Handy klingelte. Erst wollte er den Anruf gar nicht mehr annehmen, weil er schon müde war und als Teilnehmer „unbekannt“ zu lesen war. Dann aber dachte er, es könnte noch eine Nachbestellung von der Verkostung oder eine Spontanabholung sein, die immer einmal wieder bei solchen Probierabenden vorkam. Zu seiner Freude meldete sich Xenia. Sie sagte, sie sei von ihrer besten Freundin versetzt worden und hätte nun den Rest der Nacht keinen Plan. Deshalb wäre ihr spontan der Gedanke gekommen, noch in dieser Nacht auf das Angebot zurückzukommen. Sie habe auch noch nicht zu viel getrunken und könne in weniger als einer halben Stunde mit ihrem Roller bei ihm sein, wenn das noch ginge.

Uwes Puls schoss in die Höhe, sein Herz klopfte plötzlich ganz wild und seine Haare im Nacken sowie an den Armen und Beinen stellten sich auf. Er konnte sein Glück kaum fassen. Er musste sich beherrschen, um nicht vor Freude los zu schreien. In gespielter Gelassenheit antwortete er, dass es noch nicht zu spät sei und er ihr gerne sein „Hausspezial“ bereitstellen würde. Zudem fragte er in vergnüglichem Ton, ob sie denn alleine den Weg zu ihm in den dunklen Wald finden würde. Xenia lachte und meinte, bei dem, was sie erwarten würde, führe ihr Roller wie von selbst. Uwe sagte: „Also dann bis gleich!“.

In Windeseile und voller Anspannung begab er sich in das ehemalige Kühlhaus. Dort bereitete er schnell das Nötigste vor und nahm sein „Spezialgetränk“ aus dem Versteck. Dann löschte er dort das Licht. Im Gartenhaus angekommen, schaltete er nur eine Lichterkette ein, setzte sich auf das dort befindliche alte Sofa und schenkte sich ein Glas der harmlosen Variante seiner besten Fruchtbowle ein und goss sein „Spezialgetränk“ für Xenia in ein anderes Glas.

Jetzt musste er sich schnell zur Ruhe bringen, bevor Xenia erscheinen würde, sonst würde sie gleich merken, dass mit ihm etwas nicht stimmte. Dazu rief er sich die über Jahre antrainierten Entspannungsmuster auf. In weniger als fünf Minuten hatte er sich wieder im Griff. Jetzt konnte er mit einem gewissen Stolz auf die vielen, aber letztlich erfolgreichen Monate in der psychiatrischen Klinik in Mainz zurückblicken. In diese Klinik war er nach dem Tod seines Vaters vor neun Jahren eingeliefert worden. Er war damals 15 Jahre alt gewesen und regelrecht ausgerastet, als er die Nachricht vom Tod seines Vaters erhalten hatte. Dieser hatte während eines Badeurlaubs, den er ohne Uwes Mutter, dafür aber mit seiner Geliebten gemacht hatte, einen Herzinfarkt auf einem Boot bekommen. Jede Hilfe war zu spät gekommen.

Als er gerade eine CD mit Musik zum Schmusen auswählen wollte, schlugen seine Hunde an und er wusste, das das Fest beginnen konnte.

Xenia stoppte ihren Roller vor dem verschlossenen Hoftor. Uwe sperrte die Hunde in ihren Zwinger, öffnete das Tor und bat Xenia mit ihrem Gefährt herein. Dann führte er sie in die Gartenlaube und bat sie, auf dem alten Sofa in der Ecke Platz zu nehmen, was sie ohne Zögern tat. Uwe reichte ihr das zubereitete Getränk und auch er nahm sein gefülltes Glas. Sie stießen auf die freudige Überraschung an, die ihr später Besuch bedeutete. Xenia war nicht zimperlich und trank ihr Glas sogleich zur Hälfte aus. Das freute Uwe, denn nun musste er nicht so lange warten und dummes Zeug reden wie beim letzten privaten Frauenbesuch vor zehn Monaten. Xenia würde in weniger als 15 Minuten bewusstlos werden. Er plauderte deshalb vergnügt über seine Fruchtbowlen. Xenia wurde zusehends ruhiger und konnte nach zehn Minuten kaum noch die Augen offen halten. Dann schlief sie ein.

Als Xenia erwachte, erkannte sie, obwohl nur ein schwaches Bodenlicht brannte, dass die Wände um sie herum hell gekachelt waren. Es sah aus wie in einem Schlachthaus. Sie lag gefesselt auf einer erhöhten recht harten Unterlage. Sie fror nicht nur vor Kälte, sondern aus Angst. Zwar hatte sie ihre Kleidung bis auf die Jacke noch an, aber das war in Anbetracht ihrer momentanen Lage nicht wirklich tröstlich. Sie war gegen ihren Willen hier und wollte raus. Sie versuchte sich zu erinnern, was geschehen war: Sie hatte Uwe angerufen und war zu ihm gefahren, um ihren Frust über die Absage ihrer besten Freundin loszuwerden. Dann hatte sie mit ihm auf dem Sofa im Gartenhaus gesessen, wo zuvor am Abend die Verkostung der Fruchtbowlen stattgefunden hatte. Uwe hatte ihr seine Hausmarke zu trinken gegeben und etwas später war es zu dem Filmriss gekommen. Soviel hatte sie wirklich nicht getrunken, auch wenn das hin und wieder vorkam. War die Bowle zu stark gewesen? Aber nein! Uwe musste ihr etwas in ihr Getränk getan haben. Was hatte er mit ihr vor? Wie hatte sie sich so in diesem Mann täuschen können. Er sah gut aus, hatte gutes Benehmen und war von all ihren Freunden und Bekannten als sympathischer Schnapsbrauer gepriesen worden. Dass sie jetzt gefesselt da lag, zeugte von einer anderen als freundlichen Gesinnung. Auf ihrer Stirn bildeten sich Schweißperlen und dann rannen kleine Rinnsale über ihr Gesicht. Ihr wurde noch kälter als sie an die letzten Worte Uwes dachte, wonach sie bald eine besondere Rolle bei der Zubereitung seiner Lieblingsbowle spielen würde.

Dass dieser Satz der Auftakt zu einem Albtraum für sie werden würde, lag noch vor Kurzem außerhalb ihrer Vorstellungskraft. Bevor sie sich noch intensiver mit ihrer momentanen Lage beschäftigen konnte, wurde sie dadurch abgelenkt, dass die Tür hinter ihr aufging und ein kühler Luftzug durch den Raum ging. Sie verfiel in eine Angststarre. Es war natürlich Uwe. Er redete mit ihr, als sei die momentane Situation die selbstverständlichste der Welt. Er sagte ganz ruhig, sie könnte schreien, wie sie wolle. Es würde sie ohnehin niemand hören können, da der ganze Raum schallisoliert wäre. Zudem wären sie – wie sie ja wüsste – an einem abgelegenen Ort, der gegen ungebetene Gäste abgeschirmt wäre. Xenia wurde es ganz übel. Da sie Uwe nach dem bisher Geschehenen kein Wort mehr glaubte und fühlte, dass sie nichts mehr zu verlieren hatte, löste sie sich aus der Erstarrung und schrie so laut sie konnte um Hilfe. Uwe lachte nur, drehte sich um und ging zu einem an der Wand befestigten Hängeschrank. Er öffnete ihn und nahm etwas heraus. Xenia verstummte. Es hörte sich an, als ob er eine Plastikverpackung öffnete. Xenia schrie ihn an: "Was hast du vor? Was willst du von mir?". Uwe drehte sich in aller Ruhe um, und sagte: „Dein Blut!".

Xenia rasten in Sekundenbruchteilen Bilder von Bluttaten durch den Kopf, die ihr durch die vielen Krimis, die sie gerne las, gut in Erinnerung waren. Ein neuer Schauer der Angst durchlief ihren ganzen Körper. Nun erfuhr sie am eigenen Leibe, was Gänsehaut war.

Gleichzeitig wusste sie aus ihren Büchern, das alle Opfer nur eine Chance hatte. Sie durften trotz der Aussichtslosigkeit ihrer Lage nicht aufgeben. Dieser Gedanke verhalf ihr, erneut um Hilfe zu schreien. Uwe blieb hiervon unberührt und bereitete, ihr den Rücken zugekehrt, irgendetwas vor.

Xenia schrie einfach weiter, bis ihr Hals langsam kratzig wurde. Das hielt sie aber nicht davon ab, fortzufahren. Uwe wurde nun doch durch das Geschrei langsam nervös und griff nach einem Tuch, um es Xenia in den Mund zu stecken. Als diese das Tuch sah, verstummte sie abrupt. Panik erfasste sie. Vor lauter Angst hatte sie im Moment nicht daran gedacht, welche Erstickungsängste sie immer geplagt hatten, wenn sie nicht mehr durch den Mund atmen konnte. Diese Angst hatte sie, seit ihr im Alter von zwölf im Schwimmbad bei den üblichen pubertären Spielchen einmal ein Junge ein Handtuch um den Hals gelegt und wider Erwarten so kräftig zugezogen hatte, dass ihr die Luft wegblieb. Ohne auf ihre Hilfe suchenden, wild fuchtelnden Hände zu achten, ließ der Junge erst recht spät los. Sie flehte Uwe an, er solle sie nicht knebeln. Sie verspreche, nicht mehr um Hilfe zu schreien, egal was passieren würde. Uwe antwortete: „Gut, dann nutze diese einzigartige Gelegenheit zu schweigen!" Xenia schloss die Augen, atmete einmal tief durch und biss sich in die Backe, um durch den Schmerz nur noch auf sich selbst konzentriert zu sein. Sie wusste nicht, wie lange das funktionieren würde, aber es war das Einzige, was sie jetzt tun konnte. Uwe wandte sich ihr jetzt zu. Nun sah sie, was er in Händen hielt. Einen Stauschlauch, eine Kanüle zur Blutentnahme und eine Kunststoffleitung wie sie sie schon im Krankenhaus an einer Infusion gesehen hatte. Auch ohne Knebel konnte Xenia nun kaum mehr atmen, denn ein riesiger Kloß hatte sich vor Angst in ihrem Hals gebildet. Sie hatte das Gefühl, beim Schlucken einen ganzen Apfel herunterwürgen zu müssen. Als Uwe den Stauchschlauch an ihrem rechten Arm anlegte, fiel sie in eine erlösende Ohnmacht. Als sie wieder erwachte und in Richtung ihres Armes sah, war die Kanüle gelegt und ihr Blut floss heraus. Wohin, konnte sie nicht wahrnehmen, weil es außerhalb ihres Blickfeldes lag.

Es tat ihr nicht weh. Uwe war wohl geschickt. Das hatte er möglicherweise während seiner Berufsausbildung als Krankenpfleger in der Uni-Klinik in Frankfurt gelernt. Später war er in die Abteilung versetzt worden, wo sie Körperteile und Missgeburten in Formalin einlegten. Das hatte jedenfalls Mike erzählt, der die Verkostung bei Uwe organisiert hatte. „Hätte ich nur nie von dieser Verkostung erfahren", dachte Xenia.

Plötzlich wurde ihr die eigene Situation so präsent, dass sie unerträglich wurde. Sie drehte schnell den Kopf auf die andere Seite. Dann sah sie, dass auch an ihrem anderen Arm eine Kanüle mit Schlauch hing, durch den ihr Blut floss. Erneut stieg massive Angst in ihr auf und sie verlor die Kontrolle über ihre Blase. Sie weinte bitterlich. Zugleich schoss ihr der Gedanke durch den Kopf: Ach könnte doch die Angst mein Blut in den Adern wirklich gefrieren lassen! Dann hätte ich vielleicht wirklich eine Chance.

Uwe geriet bei dem Anblick des aus Xenias Körper fließenden Bluts fast augenblicklich in Extase. Jetzt konnte er wieder versuchen, den Gottestrunk herzustellen, um ewiges Leben zu erreichen. Sein Gesicht zeigte nicht nur ein freudiges und zufriedenes Lächeln, sondern er wandte sich Xenia liebevoll zu und flüsterte ihr leise ins Ohr, sie werde Teil der göttlichen Vorsehung und vorerst nicht sterben. Durch den ansteigenden Blutverlust fühlte sie sich mehr und mehr benommen. Als sie schon annahm, langsam zu verbluten, verschloss Uwe beide Kanülen. Er beließ sie aber in den beiden Armbeugen. Die beiden Schläuche entfernte er hingegen. Dann beugte er sich und hob einen durchsichtigen Beutel mit Blut hoch, den er wortlos aus dem Raum trug. Kurze Zeit später kehrte er mit einer Flasche, in der ein Trinkhalm stak, zurück. Er richtete Xenias

Oberkörper mit einer Leichtigkeit auf, die sie ihm gar nicht zutraute. Dann stellte er das Rückenteil der Unterlage auf und fixierte es. Sie saß jetzt fast aufrecht. Sodann zog er von der Seite ein montiertes Tablett vor ihren Bauch. Xenia erkannte erst jetzt, dass es sich um einen Krankenhausbeistelltisch handelte und sie selbst auf einer Art Notfallliege lag, die verstellbar war. Sie hatte unbändigen Durst und sog hastig an dem Strohhalm. Als sie ausgetrunken hatte, stellte ihr Uwe eine rechteckige Tüte, ebenfalls mit Strohhalm hin und verschwand wortlos. Sie erkannte, dass es sich um „Astronautennahrung" handelte, wie ihre Oma sie bekommen hatte, nachdem sie im Pflegeheim keine feste Nahrung mehr zugelassen hatte.

Uwe eilte zu seinem Destillationsraum. Dort goss er das Blut in eine bereitstehende Menge Alkohol. Jetzt konnte das Blut nicht mehr gerinnen und seiner Kreativität konnte er freien Lauf lassen. Vielleicht würde es ihm ja jetzt endlich gelingen, die Rezeptur für den Gottestrank zu finden. Wenn nicht, dann gestand er sich noch zwei weitere Versuche mit Xenias Blut zu. Danach musste eine neue Blondine her, denn aller guten Dinge waren drei.

Lucie war Xenias beste Freundin. Sie hatte ein schlechtes Gewissen, dass sie diese wegen eines unwiderstehlichen Typen am Freitagabend hatte sitzen lassen. Deshalb versuchte sie gleich am nächsten Morgen Xenia auf ihrem Handy zu erreichen. Aber es sprang immer nur die Mailbox an. Am Mittag fuhr sie in Wiesbaden zu dem Haus, in dem Xenia seit Beginn ihrer Ausbildung ein Zimmer gemietet hatte. Auf ihr Schellen reagierte niemand. Sie beschlich plötzlich ein ganz komisches Gefühl der Unruhe. Sie klingelte deshalb bei Herrn Marx, dem Nachbarn von Xenia. Dieser kümmerte sich um Xenias Hasen und Blumen, wenn diese einmal über das Wochenende weg war. Herr Marx öffnete nach einigem Zögern schließlich seine Tür, die mit einer Kette verriegelt war, einen Spalt breit. Er erkannte Lucie gleich wieder. Sie erzählte ihm, dass sie vergeblich versucht hätte, Xenia zu erreichen. Sie mache sich Sorgen, dass ihrer Freundin etwas zugestoßen sei, sie vielleicht in einem Krankenhaus läge und der arme Hase nicht genügend Futter habe. Das überzeugte Herrn Marx und er erklärte sich bereit, den Zweitschlüssel für Xenias Wohnung zu holen, um gemeinsam nach dem Rechten zu sehen. In der Wohnung sah nichts nach einem übereilten Aufbruch oder nach einer Reisevorbereitung aus. Der Hase hatte aber kein Wasser mehr in seiner Trinkflasche und das Futter war auch alle. Da war auch Herr Marx besorgt, dass Xenia etwas zugestoßen sein könnte. Er ließ Lucie deshalb bereitwillig in Xenias Wohnung nach einem Hinweis auf deren momentanen Aufenthalt suchen. Währenddessen kümmerte er sich um den armen Hasen.

Das Einzige, was Lucie fand, war der Hinweis auf einen Discoabend am Freitag bei den Black Devils, einer Motorradclique mit Sitz in Taunusstein. Vielleicht war Xenia dort gewesen. Ansonsten war nichts Auffälliges zu entdecken. Die einzige Möglichkeit, noch etwas zu erfahren, war, die Leute zu befragen, die, wie sie selbst, am Freitagabend an der Frucht-Bowle-Verkostung teilgenommen hatten. Aber auch diese Anrufe erbrachten nichts Neues über den Aufenthalt von Xenia. Dann fiel ihr ein, dass sie gesehen hatte, wie Xenia mit Uwe, dem Schnapsbrenner, einige Zeit gesprochen hatte. Vielleicht wusste dieser zufällig von Xenia, wie deren Wochenendpläne aussahen. Deshalb begab sie sich unverzüglich mit ihrem Fahrrad Richtung Eiserne Hand zum Anwesen Uwes. Dort bellten sofort die Hunde, als sie ankam. Auch durch gut zureden ließen die Bestien nicht davon ab, bedrohlich ihre scharfen Zähne zu fletschen. Es dauerte eine Weile, dann erschien Uwe am Tor. Lucie schilderte ihre Sorge um Xenia und fragte, ob er wüsste, was diese am Wochenende vorgehabt hätte. Uwe bedauerte, ihr nicht weiterhelfen zu können und wandte sich ab. Lucie wusste sich keinen Rat mehr. Um besser nachdenken zu könne, schob sie ihr Rad auf dem alten asphaltierten Weg Richtung Bundesstraße. Plötzlich blinkte etwas Glänzendes am rechten Wegrand. Sie entdeckte ein blau schimmerndes Strasssteinchen. Sie wusste ganz genau, dass Xenia ein solches Steinchen an ihre beiden Schläfen geklebt hatte, bevor sie zu Uwes Verkostung gefahren waren. Und sie wusste auch, dass Xenia diese Dekoration noch getragen hatte, als sie sich später vor der Diskothek in Wiesbaden getroffen hatten. Somit musste Xenia noch einmal zurückgekehrt sein. Lucie dachte an Uwes Worte. Irgendetwas stimmte da nicht. Deshalb rief sie einen Freund und Kollegen von der Zollfahndung an, der in Taunusstein wohnte. Sie erzählte ihm vom Verschwinden ihrer Freundin. Dieser war sofort bereit, mit ihr zu Uwe zu fahren.

Als beide dessen Anwesen erreichten, wollte Uwe gerade losfahren, um auf dem Idsteiner Markt die von ihm beschäftige Aushilfe abzulösen. Er erklärte kurz, Xenia wäre noch einmal kurz mit ihrem Roller zurückgekehrt, um eine Flasche Pfirsichlikör zu kaufen. Da er noch am Aufräumen gewesen wäre, hätte er Xenias Wunsch noch erfüllt. Diese wäre dann wieder gefahren.

Insgeheim raste Uwes Herz bei dieser Befragung. Aber äußerlich ließ er sich nichts anmerken. Darin hatte er Übung. Genauso erfahren war er im Verstecken und Beseitigen von Leichen. Unter seinem Kühlhaus befand sich der schallisolierte, gekachelte Raum, in dem jetzt Xenia lag. Diesen geheimen Schutzraum hatte sein Großvater selbst gebaut, weil er eine Heidenangst vor den Russen gehabt hatte. Durch einen Schrank im Kühlhaus, dessen Rückwand eine getarnte Holztür enthielt, war der Zugang in den Kellerraum möglich. Keiner, außer seinen inzwischen verstorbenen Eltern, wusste von diesem Ort. Und das war gut so. Denn nur auf diesem Wege konnte er sich in aller Ruhe über Tage oder gar eine Woche den ausgesuchten Mädchen richtig widmen. Wenn er mit ihnen fertig war, musste er sie wieder los werden. Auch das hatte er gut organisiert. Er zerteilte die Leichen fachmännisch, ohne auch nur eine einzige Spur zu hinterlassen. Dabei kamen ihm seine Kenntnisse in der Anatomie sehr zugute. Dann fror er die Teile, in dicken Plastiksäcken verpackt, in seiner Gefriertruhe ein. Er hatte natürlich auch Strom in seinem unterirdischen Arbeitsbereich. Einmal im Monat durfte er mit dem recht ansehnlichen Motorboot seines befreundeten Kollegen, das im Hafen vom Oestrich-Winkel am Rhein lag, eine Fahrt bis in die Nordsee machen, wenn er wollte. Somit konnte er die gefrosteten Teile nachts mit seinem Transporter auf das Boot verbringen und in der Nordsee einfach mit Gewichten beschwert über Bord werfen. Den erforderlichen Boots-Führerschein hatte er zeitgleich mit seinem Kollegen schon vor Jahren erworben.

Das Einzige, was ein gewisses Risiko in sich barg, waren seine Experimente mit Blut und Alkohol, die er in seiner Brennerei durchführen musste. Die benutzten und befüllten Gefäße legte er in einen wasserdichten Sack, beschwerte ihn gut und versenkte ihn ebenfalls in der Nordsee. Er arbeitete immer mit zwei Paar Latexhandschuhen. Keiner konnte Rückschlüsse auf ihn ziehen, selbst wenn wirklich einmal ein Teil wieder an die Wasseroberfläche gelangen sollte. Er fühlte sich absolut sicher und genoss seine Macht über andere Menschen. Dass es dabei nicht ohne Gewalt abgehen durfte, hatte er bei seinem Vater gelernt. Dieser hatte ihn seit seiner Kindheit nicht nur geschlagen, sondern auch sadistisch gequält. Jetzt war die Zeit gekommen, sich an derjenigen zu rächen, die von alledem wusste, aber niemals Einhalt geboten hatte: Seiner hübschen, blonden Mutter. Xenia war nicht irgendwer, sondern im Moment der Gewalt seine wimmernde und tatenlos zusehende Mutter. Eine unstillbare Lust, es ihr heimzuzahlen, war die mächtige Triebfeder seines Handelns.

Lucie hatte den untrüglichen Verdacht, dass Uwe gelogen hatte. Er wirkte zwar selbstsicher und bestimmt, aber dennoch hatte sie in seinen Augen kurz etwas wie Furcht entdeckt. Das machte sie misstrauisch. Aber was konnte sie tun. Wenn Xenia Montag nicht zur Arbeit erscheinen würde, was sie nicht hoffte, konnte die Polizei eingeschaltet werden.

Xenia schmerzte der Rücken vom langen Liegen auf der harten Unterlage. Die Handgelenke waren von den Fesseln ganz wund und taten sehr weh. Ihre psychische Verfassung war katastrophal. Zwar hatte sie es irgendwie geschafft, nicht zu schreien oder zu rufen, obwohl Uwe immer wieder über längere Zeit nicht im Raum war. Xenias Angst steigerte sich ins Unermessliche. Sie fragte sich immer wieder, was geschehen würde, wenn er das nächste Mal kam. Denn allein mit ihrem Blut war es sicher nicht getan. Er konnte sie nicht einfach wieder gehen lassen. Xenia beschlich das dumpfe Gefühl, das ihr Leben an einem seidenen Faden hing. Sie sah keine Möglichkeit der Flucht. Ihre Lage war ausweglos. Sie weinte leise vor sich hin und wandte sich an

Gott. Dies hatte sie seit ihrem siebten Lebensjahr nicht mehr getan, nachdem Gott es zugelassen hatte, dass ihre zwei Jahre ältere Schwester an Leukämie sterben musste. Doch jetzt in der Not wusste sie keinen anderen, an den sie sich wenden konnte. Sie zitterte und betete ganz intensiv, dass er sie retten möge. Viel Zeit hatte Gott nicht mehr. Das wusste sie. Uwe hatte angekündigt, dass die letzte Blutentnahme bevorstünde und er für sie hoffte, dass sein Experiment endlich gelänge. Anderenfalls hätte sie eine harte Strafe zu erwarten.

Mittlerweile war es Dienstag geworden. Die Polizei hatte die auf Xenia bezogene Vermisstenanzeige ihrer Eltern aufgenommen. Eine polizeiliche Befragung Uwes und auch die von ihm freiwillig zugelassene Inspektion der Räumlichkeiten seines Anwesens durch die zuständigen Beamten hatten keine neuen Erkenntnisse über den Verbleib von Xenia erbracht.

Von Xenias Eltern erfuhr Lucie, dass Uwe am nächsten Tag einen Betriebsausflug haben würde und deshalb der Polizei kurzzeitig für weitere Nachfragen leider nicht zur Verfügung stehen könnte. Dies war eine Gelegenheit für Lucie, aktiv zu werden. Sie besorgte sich einen Ring Fleischwurst und steckte dort hoch dosierte Schlaftabletten hinein, die sie aus der Nachttischschublade ihrer Mutter entnommen hatte. Da sie sich nicht ganz allein auf das Anwesen von Uwe traute, nahm sie Lira, den Shephard/Collie Mix ihrer Nachbarn mit, die in ihren besseren Tagen als Trümmerhündin in Katastrophengebieten nach Überlebenden gesucht hatte. Gemeinsam ging es über die Eiserne Hand durch den Wald zu dem verlassen wirkenden alten Forsthaus, das Uwe gehörte. Als sie in Wurfweite vom Zaun des Grundstücks war und die Hunde schon recht kräftig bellten, schleuderte sie die Wurststücke hinüber vor deren Pfoten. Dann zog sie sich zurück und begab sich zu ihrem Fahrrad, an das Lira angebunden war. Sie wartete eine halbe Stunde und schlich dann erneut zum Zaun. Dort lagen beide Hunde mehr als entspannt vor dem Hoftor und schliefen. Uwes Transporter war weg. Jetzt konnte sie eine Stelle im Zaun suchen, an der sie auf das Grundstück gelangen konnte. Sie fand eine, wo die Wildschweine sich unter dem Zaun durchgewühlt hatten. Lira folgte ihr. Lucie rief vergeblich Xenias Namen und fand nichts, was auf deren Anwesenheit oder Verbleib schließen ließ. Dann schlug Lira an und bellte unaufhörlich. Hoffentlich glaubte man ihr, dass sie ein weiteres Mal in ihrem Hundeleben einen unter Mauerwerk verborgenen, aber lebenden Menschen entdeckt hatte.

Wilder Wein

Von Maria Esch

Es ist ein schönes Haus. Seit vielen Jahren steht es auf dem kleinen Hügel, eingebettet in einen geradezu märchenhaft anmutenden Garten. Es wirkt urgemütlich, teils verlockend, etwas verspielt, geradezu romantisch. Ich liebe es, dieses Haus, das sich am Fuße des Neroberges befindet. So oft es mir möglich ist, nehme ich gerne den kleinen Umweg in Kauf, um es zu bewundern. Die Sonne lässt die blau angestrichenen Fensterläden mit dem azurblauen Himmel um die Wette strahlen. Eine kleine Bank, ein Tisch und ein Stuhl, in dem gleich wirkenden Blau wie die Fensterläden, runden die Idylle ab. Unzählige Gewächse ranken nicht nur am Haus empor, sondern auch an dem Zaun entlang. Wilder Wein breitet sich aus, in zarten Farben blühen Wicken und geradezu verschwenderisch gedeiht die Clematis. Üppig windende Bougainvilleas, mit einer Schattierung, die an rubinroten Wein erinnert, herrlich duftende Kletterrosen, bei deren Wohlgeruch ich mich in ein Duftbad mit verführerischen Essenzen versetzt fühle und davon träume, Besitzerin dieses Häuschens samt Garten zu sein.

Das ältere Ehepaar, das dieses Haus bewohnt, ist mir ebenso bekannt wie der kleine Rauhaardackel, der auf den Namen „Jackie“ hört. Freudig und schwanzwedelnd bellt er mich an, wenn ich am Zaun stehe und den süßen Duft der blühenden Blumen einatme. Den ganzen Sommer über rupft und zupft das Paar mit den schlohweißen Haaren in ihrem Garten herum. Amelie und Severin Sommerstein grüßen freundlich, wenn ich am Zaun stehen bleibe und fragen lachend: „Na, Frau Rosenfeld, wieder eine kleine Schnupperprobe gefällig?“ Gerne verweile ich noch ein paar Minuten zum Plaudern, meist über das Wetter, die bevorstehende Obsternte und hin und wieder auch über das Rheuma, das die beiden Herrschaften plagt. Nach dem ausgiebigen Schwätzchen trabe ich nach Hause. An so manchem Morgen schenkt mir Frau Sommerstein ein Schälchen mit frisch geernteten Himbeeren oder Johannisbeeren, die vorzüglich schmecken. Insgeheim beneide ich die beiden Alten, die bei sonnigem Wetter in ihrem Garten sitzen und es sich bei frisch aufgebrühtem Kaffee und selbstgebackenen Himbeer- oder Erdbeerkuchen gut gehen lassen. Ich fühle mich immer besonders geehrt, wenn sie mich in ihren Garten einladen. Dieser Garten übt, wie ich den beiden Alten oftmals bestätige, eine geheime Zauberkraft auf mich aus. Der vielfältige Duft der Blumen und Gewächse macht mich „rauschig“. Die Sommersteins lachen dann um die Wette und Jackie bellt lauthals, ganz so, als ob er es verstanden hätte. Bevor ich mich verabschiede, schenkt mir Herr Sommerstein noch ein kleines Gläschen von seinem selbst produzierten Himbeer- oder Johannisbeerwein ein. Mit stolz geschwelgter Brust nimmt er meine Lobeshymnen entgegen und wir lassen das leckere Tröpfchen genussvoll in unsere Kehlen rinnen. Beschwingt und ein Liedchen summend trolle ich mich danach in meine kleine Wohnung. Schweren Herzens denke ich an die kommende dunkle Jahreszeit. Denn dann ist es mit diesen Genießertagen vorbei. Sobald der Winter naht, bevorzugen die Sommersteins einen längeren Aufenthalt auf irgendeiner Insel, um ihr Rheuma zu behandeln. Sie tauchen meist erst dann wieder auf, wenn der Frühling naht.

Für mich geht der warme Sommer wieder viel zu schnell vorbei. Nach der üppigen Ernte schenken mir die Sommersteins – und dies ist seit Jahren Tradition – eine Flasche der exklusiv hergestellten edlen Tröpfchen. Im vergangenen Jahr, ich erinnere mich genau, drückte mir Herr Sommerstein einen Johannisbeerlikör in die Hand. Frau Sommerstein, eine kleine Künstlerin, malte speziell auf das aufgeklebte Etikett eine Ranke mit Johannisbeeren. Eine liebevoll gebundene rote Schleife wertete die Flasche ungemein auf. In diesem Jahr beglückten sie mich mit einem Quittenlikör mit Kirsch. Und auch dieses Mal befanden sich auf dem Etikett wieder handgemalte Quitten. Bei dem Getränk handele es sich um eine köstliche Variante des Quittenlikörs mit Kirschwasser, erklärte mir Herr Sommerstein. Außerdem verriet mir Frau Amelie, dass sie neben Sternanis noch fein geriebenen Ingwer als Zutaten verwende. Bereits bei der Beschreibung der Ingredienzen lief mir das Wasser im Munde zusammen. Die Sommersteins lachten ihr verschmitztes Lachen und betonten, dass sie meine Gesellschaft sehr schätzten. Vor allem mein sonniger Humor und meine lustigen kleinen Geschichten würden sie so lieben. Außerdem könnten sie mir mit ihrem Likörchen die triste Jahreszeit versüßen. Herzlich dankend nahm ich das kostbare Fläschchen entgegen. Denn ein Gläschen von diesem feinen Wässerchen, das sicherlich allerhand Prozente beinhaltet, tut mir nach einem langen Arbeitstag sehr gut. Außerdem denke ich bei jedem Schlückchen an die netten Sommersteins, die es sich dann just zu diesem Zeitpunkt auf einer Insel gut gehen lassen, wenn ich die trüben Novembertage in Wiesbaden verbringen muss.

Genau heute ist wieder so ein trister und nebliger Herbstabend, an dem mich mein Weg über den Neroberg führt.

Das Haus der Sommersteins steht einsam und verlassen da. Die Läden stehen offen und alles ist dunkel. ‚Na, vielleicht sind die beiden Alten noch unterwegs und kommen später nach Hause?', denke ich für mich. Ich wundere mich am nächsten Morgen, dass mir Herr Sommerstein nicht mit Jackie begegnet. Bei diesem starkem Regen und stürmischem Wind geht er vielleicht später, rätsele ich, stutze allerdings darüber, dass die Läden nach wie vor nicht geschlossen sind. Seltsam, vielleicht sind sie verreist? Aber dann hätten sie mir mit Sicherheit davon erzählt. Die große Winterreise wollten sie doch erst Mitte November antreten. Bis zum Abend hatte ich keinen weiteren Gedanken mehr an die Sommersteins verschwendet. Jedoch als ich auf dem Nachhauseweg wieder an ihrem Haus vorbei kam, stutzte ich über den nach wie vor unveränderten Zustand des Hauses. Fröstelnd betrete ich meine Wohnung, gieße mir rasch einen Tee auf und lasse mir ein Bad einlaufen. Danach gönne ich mir noch ein Gläschen von dem exzellenten Quittenlikör, denke kurz an die beiden Alten und bin fast geneigt, zum Telefon zu greifen. „Unsinn, die sind irgendwo auf Einkaufstour, bevor sie ihre große Reise antreten. Mit Sicherheit tauchen sie morgen wieder auf", murmele ich und schleiche in mein Bett.

Am nächsten Morgen laufe ich schneller als sonst zur Arbeit. Es regnet in Strömen. Doch neugierig, wie ich nun einmal bin, biege ich spontan in die Richtung des Hauses der Sommersteins ab. An dem Zustand des Hauses hat sich nichts verändert. Die Rollläden stehen offen, eine ungewöhnliche Finsternis liegt über dem Haus. Herbstliche Nebelschwaden umhüllen es und verleihen ihm ein gespenstisches Äußeres. Ein mulmiges Gefühl erfasst mich. Sind die beiden etwa krank, liegt einer sogar wegen Rheumas im

Krankenhaus? Wer kümmert sich um den Hund? Entschlossen öffne ich das unverschlossene Gartentürchen, gehe zum Haus und klingele. Nichts rührt sich, alles bleibt still. Es folgt kein Bellen von Jackie, niemand dreht ein Licht an. Schritt für Schritt tasten meine Füße zur Garage hin. Rasch werfe ich einen Blick durch das Garagenfenster. Der silbergraue Kleinwagen steht dort. Das ist ja äußerst seltsam. Haben die Sommersteins vielleicht den Zug genommen? Aber wenn sie länger weg bleiben, schließen sie die Läden zu. Warum haben sie es jetzt unterlassen? Mein Blick fällt auf den kleinen Brunnen, der leise vor sich hin plätschert. Dann weiten sich meine Augen vor Entsetzen. Ich entdecke eine Schaufel und frisch ausgehobene Erde. Nur wenige Meter neben einem zweiten Erdhügel steckt eine weitere Schaufel. Und unmittelbar dahinter erspähe ich noch einen kleineren Berg ausgehobener Erde. Augenblicklich beginnen meine Beine zu zittern. Eine Gänsehaut jagt über meinen Körper hinweg. Was ich sehe, will ich nicht glauben. Nein, das darf nicht sein. Sofort erfasse ich die Situation. Einbrecher haben das Ehepaar Sommerstein umgebracht und samt Dackel im Garten vergraben. Ich vage es nicht, einen Blick in die ausgehobenen Gräber zu werfen. Meine Zähne klappern mit einem Male sehr laut aufeinander.

Fahrig suche ich mein Handy. Der Stuhl oder die Bank, ich muss mich setzen, alles dreht sich um mich. Die Polizei, sie muss rasch kommen. Wie ist diese verflixte Nummer? Mit zittrigen Fingern drücke ich die Zahlen 011, keine Verbindung. Nein, falsch, es ist die 110. Meine Nerven flattern, ich sitze auf dem Stuhl, auf dem sich eine Pfütze mit Regenwasser gebildet hat. Ein unangenehmes Gefühl macht sich breit, als die Nässe durch meinen dünnen Mantel dringt. Mir ist heiß, nein, jetzt wieder eiskalt, Gänsehaut, Schüttelfrost. Polizei, bitte komm, komm schnell, so rasch du kannst. Der Beamte in der Leitung verspricht mir, dass sich sofort ein Streifenwagen auf dem Weg macht. Ich warte. Wie viele Kilometer sind es vom Polizeigebäude zu den Sommersteins? Zu viele. Finden die mich hier? Hatte ich dem Polizist die richtige Straße genannt? Steht meine Uhr? Wie lange dauern Ewigkeiten? Blaue Blitze zucken, ein Wagen naht mit rasanter Geschwindigkeit. Endlich, zwei Polizisten kommen auf mich zu. Ich deute auf die Erdhügel hinter mir. „Da, da liegen wahrscheinlich Leichen drin", stottere ich. Meine Zähne klappern aufeinander, ich habe keine Kontrolle mehr über sie. Beide Polizisten gehen zu den Erdhügeln hin und schauen sich um. Danach verschwindet einer wortlos hinter das Haus. Der andere kommt zu mir zurück und legt mir seine Hand auf die Schulter. Ich zucke nervös zusammen. „Mein Name ist Lotzbaum, Peter Lotzbaum. Ich muss ihre Personalien aufnehmen", sagt er mit dunkler Stimme. Wortlos nicke ich und schrecke auf, als plötzlich im Haus Lichter eingeschaltet werden. Der zweite Polizeibeamte schließt von innen die Haustüre auf. Im gleichen Augenblick schaltet der Bewegungsmelder die Lampe an der Hauswand an. „Die Tür zum Wintergarten ist aufgebrochen. Zwei Leichen liegen dort. Ich habe die Kollegen von der Kripo bereits informiert". „Sollen wir Sie nach Hause fahren, Frau Rosenfeld?", fragt der Polizist, der meine Personalien aufgenommen hat. „Nein, nein, vielen Dank, ich wohne gleich um die Ecke. Nur fünf Gehminuten von hier entfernt. Das schaffe ich schon allein". „Sind Ihnen die Bewohner dieses Hauses bekannt?", fragt mich der andere Beamte, dessen Namen ich nicht kenne. „Ja, natürlich, schon lange kenne ich das Paar. Das ist ja entsetzlich. Warum hat man sie umgebracht?“ Ein Weinkrampf schüttelt mich. Meine Knie schlottern. Ich erhebe mich von dem nassen Stuhl und stütze mich auf meinem Schirm ab. Mir ist schlecht, speiübel, ich muss mich übergeben. Der Polizist ergreift meinen Arm. „Wir bringen Sie nach Hause, sobald die Kripo ankommt. Oder sollen wir Sie zu einem Arzt bringen?“. „Danke, danke, ich komme schon zu Recht. Ich habe es nicht weit“, würge ich die Worte aus meinem Mund und schlurfe zum Gartentor. Ein Auto in Zivil kommt angerauscht. Zwei Herren steigen aus. Das sind sicherlich der Kriminalkommissar und sein Assistent? Die beiden Männer gehen zügig an mir vorbei. Nichts wie weg hier, nach Hause, ein warmes Bad, einen Kamillentee und sofort ins Bett, mehr will ich im Augenblick nicht. Ich bin völlig durchnässt. Mit einer heißen Tasse Tee, einer Aspirintablette und der Fernbedienung schleiche ich in mein Bett. Tränen laufen mir über mein Gesicht. Ich muss an die netten Sommersteins denken, die einem Verbrechen zum Opfer gefallen sind. Warum? Sie haben doch nie einer Menschenseele etwas zuleide getan. Was wollten die Einbrecher von ihnen? Die Sommersteins lebten sehr bescheiden und sparten immer für ihren nächsten Urlaub. Sonst gönnten sie sich nichts. Ich schluchzte laut und bin wohl vor Erschöpfung bald eingeschlafen.

Wie lange ich geschlafen habe, weiß ich nicht. Ein wirrer Traum, in dem ich in einem Garten umherirre und ständig die Namen Amelie und Severin rufe, bringt mich wieder in die Wirklichkeit zurück. Ich schalte den Fernseher ein. Vielleicht berichtet die Hessenschau schon etwas über den Mordfall? Und so ist es. Die erste Meldung betrifft in der Tat das Ehepaar Sommerstein. Es wird nach ihnen gefahndet. Wer etwas über den Aufenthalt des Paares weiß, soll dies umgehend an jede Polizeidienststelle melden. Wieso über den derzeitigen Aufenthalt weiß? Ich verstehe überhaupt nichts mehr. Der Polizist hat doch gesagt: „Sie sind beide tot." Wer ist dann ermordet worden, wenn nicht das Ehepaar Sommerstein? Das ist äußerst rätselhaft. Waren beide überhaupt nicht tot? Sind sie vielleicht weggerannt, nachdem der Polizist aus dem Haus trat? Einen Anruf bei der Polizei erspare ich mir, denn Auskunft wird man mir ohnehin nicht geben.

Als mein Wecker am folgenden Morgen klingelt, ist mir augenblicklich bewusst: Heute gehe ich nicht zur Arbeit. Ich fühle mich total ausgelaugt. Der Schüttelfrost hat meinen Körper fest im Griff. Meine Zähne klappern wie eine Zahnradbahn aufeinander. Rasch informiere ich mein Büro und lege mich wieder ins Bett. Am späten Nachmittag meldet sich endlich der Polizeibeamte Lotzbaum, der meine Personalien aufgenommen hatte. Ob es mir möglich wäre, ihn zwecks Aussagen aufzusuchen? Spontan siegt meine Neugierde über meine Erkältung. Ohne zu zögern, mache ich mich auf zum Polizeipräsidium. Herr Lotzbaum sieht mich an, als würde ich wie ein Gespenst aussehen. „Warum haben Sie mir nicht gesagt, dass Sie krank sind? Dann hätten wir Sie zu Hause aufgesucht." Ich vermied es, ihm zu sagen, dass ich vor Neugierde platzen würde. Mein Innerstes brannte förmlich danach, zu erfahren, was aus den Sommersteins geworden ist. Herr Lotzbaum stellte mir viele Fragen. Zunächst wollte er wissen, an welchem Tag ich die Sommersteins zuletzt gesehen habe. Das war am Montag, ja, genau am Montagmorgen ist mir Herr Sommerstein mit Jackie begegnet. Ich erinnere mich deshalb so genau daran, weil just in dem Augenblick die Putzfrau zu Schneiders ins Haus ging. Und die kommt immer montags. Und wie gut ich das Ehepaar Sommerstein kennen würde? Ob ich Angaben über nahe Verwandte oder gute Freunde machen könne? Ob sie Andeutungen gemacht hätten, in Kürze zu verreisen? Nichts dergleichen kann ich beantworten. „Wieso wird nach dem Paar gefahndet, Ihr Kollege hat doch gesagt: „Sie sind beide tot? Wer waren die Toten, die im Wintergarten lagen?" „Tja, das Ehepaar Sommerstein, ist, soweit wir das bis jetzt beurteilen können, unterwegs. Von ihnen fehlt jede Spur. Bei den Toten, die wir im Haus fanden, handelt es sich um zwei Männer, die erst vor wenigen Tagen aus dem Gefängnis in Butzbach entlassen wurden. Die beiden saßen viele Jahre wegen diverser Straftaten ein." Ich verstehe immer noch kein Wort. Das Ehepaar war weg und zwei fremde Männer waren tot. „Aber wer hat die beiden umgebracht? Etwa das Ehepaar Sommerstein? Und die sind jetzt auf der Flucht?" Der Polizeibeamte schüttelt den Kopf. „Nein, nein, so ist es nicht. Der ganze Vorgang ist äußerst mysteriös. Unsere Ermittlungen sind noch in vollem Gange. Leider kann ich Ihnen im Augenblick nichts über den Tathergang sagen. Wenn wir noch Fragen haben, melden wir uns wieder bei Ihnen. Fahren Sie nach Hause. Ich wünsche Ihnen gute Besserung, Frau Rosenfeld." Ratlos und enttäuscht machte ich mich wieder auf den Heimweg.

In Spannung versetzt lenkte ich meinen Wagen nicht zu mir nach Hause, sondern zu dem Haus der Sommersteins. „Ich muss doch irgendetwas herausfinden. Vielleicht liegt irgendwo eine Nachricht für mich? Ja, so wird es sein, ein Zettel, ein Briefumschlag, ein Hinweis", grummele ich und steige aus meinem Wagen. Das Gartentor ist verschlossen, überall flattern rot-weiße Bänder, die mir sagen: „Hier darfst du nicht hinein, Tabuzone". Ich tue so, als ob es für mich keine rot-weißen Bänder gäbe. Einfach ignorieren, hinein in den Garten. In meiner Aufgeregtheit höre ich es überall knistern. Die Straße ist wie leergefegt, keine Menschenseele weit und breit. Rasch hebe ich das Absperrband hoch und übersteige das niedrige Gartentor. Dank meiner Unbeweglichkeit bleibe ich am Pfosten hängen und reiße mir ein Loch in meine Flanellhose. Auch diese Tatsache ignoriere ich im Augenblick. Spontan schreite ich zum hinteren Teil des Hauses. Der Wintergarten ist einsehbar. Er ist leer bis auf ein einziges Möbelstück: der blaue Stuhl. Durch die tiefer gelegte Glasfront dringt graues Licht. Auf dem betonierten Boden sind dunkle Flecken zu erkennen: Feuchtigkeit, die von irgendwo hereinkommt, oder handelt es sich um Spuren vom Tathergang? „Was suchen Sie hier?" Eine forsche männliche Stimme lässt mich zusammenzucken. Erschrocken und verlegen drehe ich mich langsam um und schaue in die zornigen Augen des Kommissars. „Äh, na ja, ich wollte mich nur einmal umschauen. Vielleicht finde ich noch etwas, das eventuell zur Aufklärung des Verbrechens beitragen könnte? Schließlich war ich oft Gast in diesem Garten", antworte ich entschlossen. „So, so, Sie waren also oft Gast in diesem Garten. Aber Sie haben die Sommersteins nicht sehr gut gekannt. Haben die Alten Ihnen jemals etwas über ihr Leben erzählt?", kontert der Kommissar. Seine Stimme klingt sehr zynisch. Sympathisch ist der Mann mir nicht. Ein harter Knochen. „Nein, eigentlich weiß ich sehr wenig über die beiden, das stimmt. Sie waren immer sehr nett. Haben sie etwa eine Straftat begangen?" „Ja und nein", antwortet der Kommissar. Mit einem Male fröstele ich. Mit zittrigen Fingern schlinge ich mir meinen Schal fester um meinen Hals. „Wie dem auch sei, dann will ich Ihnen berichten, was wir gefunden haben. Schließlich haben Sie uns ja an den Tatort gerufen, weil Ihnen das Ganze mysteriös vorkam." Ich grinste zufrieden. „Die beiden Männer sind hier im Wintergarten tot aufgefunden worden. Unsere Spurensicherung fand bei den Toten eine Schatulle. Und in dieser Schatulle lag ein Brief". „Ist dieser Brief etwa für mich bestimmt? Haben die Sommersteins mir eine Nachricht hinterlassen?", frage ich wissbegierig. „Nein, dieser Brief war nicht für Sie bestimmt. Er war genau für die Personen bestimmt, die im Garten die Löcher gegraben haben. Außerdem lag noch ein leerer Stahlkoffer im Wintergarten." Ich runzelte meine Stirn und schaute den Kommissar erwartungsvoll an. „Vor ungefähr acht oder neun Jahren fand ein Überfall auf ein Juweliergeschäft in der Wilhelmstraße statt. Dabei erbeuteten die Räuber eine Menge an wertvollem Schmuck. Nur wenige Tage später überfielen die gleichen Typen einen Geldtransporter, der sich auf dem Weg zur Landeszentralbank befand. Dabei erbeuteten sie eine nicht unerhebliche Summe an Bargeld. Anschließend vergruben sie ihre Beute in dem Garten der Eheleute Sommerstein. Damals war das Haus nicht bewohnt. Wahrscheinlich befanden sich die beiden auf einer längeren Reise. Doch dank eines Hinweises aus der Bevölkerung und der DNA-Spuren konnten die Täter rasch gefasst werden. Über den Verbleib der Beute schwiegen sie sich allerdings aus. Jetzt, nach ihrer Entlassung, wollten sie sich das Geld und den Schmuck holen. Doch alles war weg". „Das ist ja unglaublich. Und warum sind jetzt beide tot?" „Tja, die Gerichtsmedizin hat festgestellt, dass die Männer vergiftet wurden. Jedenfalls haben sie eine giftige Substanz getrunken." „Seltsam, das hätte ich den beiden Alten gar nicht zugetraut, dass sie so etwas fertig bringen". „Ob es Absicht war, wissen wir nicht." „Und was steht in dem Brief, darf ich das auch erfahren?" „Ja, hier, ich habe zufällig eine Kopie dabei. Sie dürfen ihn lesen." Rasch krame ich meine Brille aus der Tasche und lese aufmerksam, was in gestochen scharfer Schrift darauf geschrieben steht:

„Hallo, ihr Verbrecher. Da staunt ihr, was? Leer sind das wertvolle Kästchen und auch der Stahlkoffer, den ihr in unserem Garten vergraben hattet. Dank unserem neugierigen und immerzu buddelnden Dackel Jackie sind wir zu Wohlstand und Reichtum im Alter gekommen. Nein, was haben wir uns damals gefreut, als die Schatulle unter dem wilden Wein zum Vorschein kam. Wertvolle Stücke befanden sich darin, die wir natürlich im Ausland in Bares umgesetzt haben. Einige wunderschöne Exemplare hat meine Frau selbstverständlich behalten. Da ich zeit meines Lebens bei der Justiz in Frankfurt als kleiner Angestellter tätig war, verfolgte ich Ihren Prozess und wusste, wann Sie den Knast in Butzbach verlassen würden. Aus diesem Grunde haben wir uns rechtzeitig in die Welt abgesetzt. Mit dem Vermögen können wir gut und gerne bis zu unserem Lebensende bestens auskommen. Außerdem mussten wir die gute Deutsche Mark rechtzeitig umtauschen, denn der Euro wurde ja in der Zwischenzeit eingeführt. Herzlichen Dank, dass Sie sich unseren Garten als Versteck ausgesucht hatten. Können Sie sich diese Freude vorstellen? Nun ja, um Ihnen den Schmerz über die verlorene Beute etwas zu versüßen, hat meine Frau leckere Likörchen und Schnäpse für Sie im Wintergarten auf die Fensterbank gestellt. Etwas Hochprozentiges ist auch dabei. Versuchen Sie die selbst gemachten Tröpfchen, alle sehr zu empfehlen. Zum Wohle und nochmals, vielen Dank. Die glücklichen Finder".

Kichernd reichte ich dem Kommissar den Brief zurück. An so etwas hätte ich in meinem ganzen Leben nicht gedacht. Das war geradezu grandios. Raubüberfall, Beute im Garten vergraben, Brief an die Räuber. „Aber wie sind die beiden zu Tode gekommen? Befand sich Gift in den Flaschen?" „Wir haben die Flaschen im Labor untersucht. Alle fein säuberlich mit Etikett und der aufgemalten Frucht versehen. Allerdings befanden sich zwei Getränke unter dem reichlich vorhandenen Sortiment, auf dessen Etikett ein Fingerhut abgebildet war. Wir vermuten, dass die Männer nicht auf die handgemalten Aufkleber geachtet haben. Denn diese beiden Flaschen haben die Männer ganz ausgetrunken. Jedenfalls haben sie es nicht überlebt. Eine Obduktion wird weitere Erkenntnisse über die giftigen Inhaltsstoffe bringen."

Ich komme aus dem Staunen nicht mehr heraus. Diese beiden Alten, von denen hatte ich bisher eine total andere Meinung. Und dann stellen sie Gift zum Trinken bereit. Oder war es keine Absicht? Wahrscheinlich wird es nie jemand erfahren. Und wo leben sie jetzt auf ihre alten Tage? Mit Sicherheit an einem Ort, wo sie so rasch niemand finden wird. Der Kommissar steckt den Brief wieder in seine Manteltasche. „Es wäre schön, wenn Sie uns einen Hinweis geben könnten, welche Inseln die beiden bevorzugten", fordert der Kommissar mich zum Nachdenken auf. „Na ja, sie schwärmten von Mallorca, Teneriffa, Gran Canaria und auch von Las Palmas, ich weiß nicht, wo sie noch überall waren. Eine Ansichtskarte haben sie mir nie geschrieben. Befinden sich keine Fotoalben im Haus?" „Nichts, keine Spur haben sie hinterlassen. Das Haus ist leer. Es befinden sich kaum Möbel in den Räumen. Das haben die Alten lange geplant. Es gibt nicht die kleinste Information, wo wir ansetzen könnten. Sie haben sich praktisch unsichtbar gemacht." Kopfschüttelnd und mit den Zähnen klappernd verabschiede ich mich von dem Kommissar und verlasse das Grundstück und den verlockenden Garten, der plötzlich seine Anziehungskraft verloren hat. Ich mache mich auf in mein Bett. Wahrscheinlich habe ich Fieber.

Eine lange Zeit ist seither vergangen. Die beiden Alten hat man immer noch nicht gefunden. Das Haus am Neroberg ist nach wie vor unbewohnt. Der Garten ist verwildert, das Unkraut breitet sich aus. Ein Makler hat ein Schild angebracht: **Haus zu verkaufen**. Wäre dies jetzt die Gelegenheit für mich, zuzugreifen, es zu kaufen und den herrlichen Garten zu besitzen? Bis vor Kurzem glaubte ich noch, die Sommersteins wären die Besitzer des Hauses gewesen. Aber sie hatten es nur gemietet. Mit einer Portion Nervenkitzel betrete ich das Grundstück und betrachte das Haus. Die blaue Farbe der Fensterläden ist verblasst. In aller Ruhe bewege ich mich um das Haus herum. Eine Schaufel, an der noch Erde klebt, liegt neben dem Brunnen. Er ist stumm und plätschert nicht mehr. Rost nagt an ihm herum. An der ehemals kupferfarbenen Vogeltränke klettert der Grünspan umher. Jemand hat die seinerzeit ausgehobene Erde wieder zugeschüttet. Kleine Hügel sind noch erkennbar. Wilder Wein schlängelt sich darüber hinweg, ganz so, als wolle er an das, was einmal war, nicht mehr erinnern. Aus dem Augenblick heraus rufe ich mir die warmen Sommertage mit den beiden Alten in Erinnerung. Ich atme den herrlichen Duft der Pflanzen und Blüten ein. Noch einmal lasse ich mich fallen in das wohlriechende Parfüm der Rosen, schnuppere am Bukett der Ranken am Zaun, sauge den Wohlgeruch der Bougainvilleas in meine Sinne. Amelie und Severin Sommerstein, die ich so schätzte. Jetzt leben sie irgendwo auf einer Insel, wo meist die Sonne scheint. Ich denke oft an sie. Verschwenden sie auch manchmal einen Gedanken an mich? Wie hätte ich reagiert, wenn ich diese Schätze in meinem Garten gefunden hätte? Wäre ich damit zur Polizei gegangen, oder hätte ich dieses wunderbare Geheimnis für mich behalten? Worüber ich ständig grübele ist die Tatsache, dass sie zwei Flaschen unter die leckeren Likörchen und Schnäpse geschmuggelt haben, die dort eigentlich nicht hingehörten. Oder war es keine Absicht? Ich werde wohl noch öfter darüber nachdenken.

Unsichtbares Verbrechen

Von Verena Kirner

Fast gleichzeitig mit dem Rasseln des Weckers stellte sich das Klingeln des Telefons ein. Der Lärm war ohrenbetäubend. Lennard Klaussen sprang aus dem Bett, schaltete mit einer unwirschen Handbewegung den Wecker aus und griff mit der anderen Hand nach dem Telefon.

„Klaussen?“, meldete sich eine unsichere Stimme. Es war Michels, Klaussens junger Ermittlungspartner.

„Ja, was gibt es?“, fragte Klaussen.

„Es gab einen Mord. Ein Jogger hat im Wald eine Leiche entdeckt. Oben im Nussberg, in Walluf. Die Spurensicherung ist schon dort.“

„Gut“, antwortete Klaussen. „Ich komme sofort.“

Vorsichtig fuhr Klaussen um die Kurve. Kurz dahinter sah er schon die Absperrbänder. Klaussen stieg sofort aus dem Auto und unter den Absperrbändern hindurch. Er spürte, wie sein Magen sich mit jedem Schritt ein wenig stärker zusammenkrampfte. Es graute ihm davor, das Bild einer weiteren Leiche in sein Gedächtnis aufnehmen zu müssen.

„Ah, Herr Hauptkommissar“, rief ein alter, schnauzbärtiger Mann winkend. Es war Mählig, der Pathologe. Mit seinem rundlichen Gesicht und den bernsteinfarbenen Augen erinnerte er Klaussen immer ein wenig an einen Uhu.

„Hallo Mählig, kannst du schon etwas sagen?“

Mählig machte eine abwehrende Handbewegung. „Zu früh, zu früh", schimpfte er. „Immer die gleiche Frage und immer zu früh. In den fünfzehn Jahren, die wir nun schon zusammenarbeiten, habe ich es nicht ein Mal anders erlebt."

„Schon gut", beschwichtigte Klaussen ihn. „Kann ich die Leiche sehen?" Mählig drehte sich um und zeigte hinter sich auf eine Folie. Klaussen zog widerwillig die Folie von dem leblosen Körper.

Der Körper des etwa 65-jährigen Mannes war völlig nackt. Nur um seinen Hals lag ein Seil, das in sein Fleisch schnitt. Es war ein grobes Hanfseil. Eines, wie es Bauernhöfe für das Führen von Bullen benutzten.

Mählig trat zu Klaussen. „Was ich schon sagen kann, ist, dass er etwa gegen 23 Uhr gestern Nacht starb. Genauer habe ich ihn noch nicht untersucht. Na ja, in ein paar Tagen wissen wir mehr. Ich nehme ihn jetzt mit, wenn dir das recht ist."

Es war Klaussen recht. Nichts war ihm jetzt lieber.

„Danke Mählig. Es wäre schön, schon morgen etwas von dir zu hören." Der alte Pathologe funkelte Klaussen mit seinen Bernsteinaugen an und stauchte dann seinen nichtsahnenden Assistenten zusammen. Sie würden schließlich nicht fürs Herumstehen bezahlt. Klaussen setzte seinen Rundgang durch das abgesperrte Gebiet fort.

„Ist das Opfer schon identifiziert?", fragte er Michels, der mittlerweile auch am Tatort war. „Nein, wir haben nichts. Keinen Hinweis. Aber Engler geht im Präsidium gerade die Vermisstenanzeigen durch. Es wird nicht einfach werden. Viel haben wir ja nicht."

„Einfach ist es niemals", sagte Klaussen aufmunternd, aber insgeheim dachte er wie Michels. Allerdings standen sie auch erst am Anfang der Ermittlungen und da erschien es meistens aussichtslos, den Täter jemals zu finden.

„Ich habe übrigens mit dem jungen Ehepaar Lutz-Wöllner gesprochen, die das einzige Haus in dieser verlassenen Gegend bewohnen. Sie sagten, sie hätten gestern Nacht gegen 24 Uhr einen Jeep den Hang hinauffahren sehen. Das Auto war dunkel, zu Typ und Kennzeichen konnten sie allerdings nichts sagen."

„Ja", sagte Klaussen nachdenklich. „Aber das ist immerhin etwas. Ich fahre jetzt ins Präsidium. Sprich du bitte noch mit dem Läufer, der die Leiche entdeckt hat."

Als Klaussen im Präsidium ankam, stürzte ihm Kommissar Engler in seinem eiligsten Schritt entgegen. Kommissar Engler war ein etwas behäbiger, rundlicher Polizist, der besonders Recherchearbeiten gut und zuverlässig erledigte. „Wir haben gerade einen Anruf bekommen", keuchte er. „Eine alte Frau aus Kiedrich hört den Hund ihres Nachbarn schon seit Stunden bellen. Ihr Nachbar sei ein alter Mann, der selten das Haus ohne den Hund verlasse. Jetzt wundert sie sich, weshalb keiner öffnet. Sie scheint sich mehr Sorgen um den Hund als um sein Herrchen zu machen. Wir sollten der Sache nachgehen. Gerade im Hinblick auf den jüngsten Mord." Klaussen nickte. Der Gedanke war ihm auch direkt gekommen. Es war eigentlich zu einfach, aber vielleicht war der vermisste alte Mann wirklich ihr Opfer.

„Gut", sagte er zu Engler. „Ich fahre sofort hin. Wenn Michels kommt, soll er mir bitte die Berichte über die Zeugenaussagen auf den Schreibtisch legen."

„Ist gut", hörte er Engler noch hinter ihm herrufen. Aber er war mit seinen Gedanken schon wieder bei dem strangulierten Opfer ohne Identität.

Als Klaussen mit seinem Dienstwagen um die Ecke bog, stand die kleine, grauhaarige Frau schon am Straßenrand. Klaussen hielt vor dem alten Bauernhof.

„Da sind Sie ja endlich“, krächzte sie mit fester Stimme. „Ich warte schon seit einer dreiviertel Stunde auf Sie. Kommen Sie, ich zeige Ihnen den armen Kerl.“

Sie führte ihn um ihr eigenes Anwesen herum und wies auf ein Weingut, das ein wenig abseits lag.

„Hören Sie ihn? Das geht so seit ich wach bin. Also seit halb fünf heute Morgen.“

„Sie sind wohl Frühaufsteherin“, lachte Klaussen, der sich selbst jeden Morgen aus dem Bett quälte.

„Wissen Sie, wenn man vierzig Jahre lang jeden Morgen die Tiere füttern muss, geht einem das in Fleisch und Blut über. Auch wenn das jetzt schon zehn Jahre her ist.“

„Sie haben heute keine Tiere mehr?“

„Nein. Früher hatten wir hauptsächlich Kühe und noch ein paar Ziegen. Aber als mein Mann starb und mein Sohn den Hof nicht mehr weiterführen wollte, habe ich alles verkauft.“

Jetzt, da die alte Dame, die Annelise Klenk hieß, von ihrem Leben erzählte, wurden ihre Gesichtszüge weicher.

„Ich würde Sie ja auf einen Tee einladen, aber ich denke Sie müssen arbeiten“, sagte sie lächelnd.

„Ja, ich denke, ich werde mal nach …“

„Herrn Brecker“, unterbrach sie ihn.

„… nach dem Rechten sehen“, vervollständigte Klaussen seinen Satz. „Aber vielleicht komme ich später noch einmal auf Ihr Angebot mit dem Tee zurück.“

Er drehte sich um und stapfte Richtung Weingut. Schon von Weitem hörte er den Hund bellen. Klaussen war nicht wohl bei dem Gedanken, dem Hund alleine zu begegnen. Aber wenn er wissen wollte, ob der alte Mann im Haus war, musste er hineingehen. Vor der massiven Holztür angekommen, klingelte er mehrmals. Durch den Glasausschnitt sah er den Hund hinter der Tür hochspringen. Er lehnte sich kräftig gegen die Tür, die wider Erwarten aufsprang. Gleichzeitig schlüpfte der Hund durch den Türspalt hindurch und sprang bellend an ihm hoch. Klaussen stand wie versteinert da. Er hatte Angst vor Hunden, vor allem vor so großen wie diesem.

„Moritz, komm her“, hörte Klaussen da eine resolute Stimme. Es war Frau Klenk, die ihm zu Hilfe eilte. Sofort hörte der Hund auf zu bellen und lief der Dame schwanzwedelnd entgegen.

„Nehmen Sie es ihm nicht übel, er ist ein sehr lieber Hund“, sagte sie.

Klaussen wischte sich den Angstschweiß von der Stirn. „Könnten Sie sich ein Weilchen um den Hund kümmern, während ich mich im Haus umsehe?“, fragte Klaussen. „Natürlich“, antwortete Frau Klenk.

Im Haus roch es muffig. Klaussen sah sich um. Doch weder im Wohnzimmer noch in der Küche, im Bad oder Schlafzimmer war jemand. Plötzlich fiel sein Blick auf ein Foto und er beschloss sich doch noch einmal in aller Ruhe mit Frau Klenk zu unterhalten.

Klaussen saß in einem bequemen Stoffsessel. Vor ihm stand eine dampfende Tasse Schwarztee, neben ihm saß der Border Collie Moritz, der seine schwarz-weiße Schnauze auf die Lehne des Sessels gelegt hatte und Klaussen herzzerreißend ansah. Das Foto aus dem Haus des alten Mannes hatte Klaussen in seine schwarze Mappe gesteckt, in der er Notizen und andere wichtige Ermittlungsergebnisse in Form von Kopien aufbewahrte.

„Schauen Sie, hier ist noch frisches Gebäck, wenn Sie mögen." Annelise Klenk hielt Klaussen lächelnd den Gebäckteller unter die Nase. Der Hund reckte seinen Hals und schaute Klaussen flehentlich an.

„Vielen Dank", sagte Klaussen und nahm ein Marmeladenplätzchen. Klaussen beschloss, möglichst schnell zur Sache zu kommen. Er zog das Foto, das er im Haus von Herrn Brecker gefunden hatte, aus der Mappe und hielt es Frau Klenk hin.

„Kennen Sie die Personen auf dem Foto, Frau Klenk?", fragte Klaussen freundlich. Annelise Klenk betrachtete das Foto eine Weile. Klaussen hatte kurz das Gefühl, als würde es sie einen Moment aus der Fassung bringen, aber dann sagte sie mit fester Stimme: „Ja. Das hier ist Herr Brecker mit seiner damaligen Freundin Emilie Behrend. Das andere ist irgendein Winzerfreund von Wilfried. Ich weiß nicht mehr wie er heißt."

Klaussen war nicht entgangen, dass sie Herrn Brecker mit großer Vertrautheit beim Vornamen nannte. Ihr selbst schien es nicht einmal aufgefallen zu sein.

„Wie gut kennen Sie Herrn Brecker?"

„Nun ja, wir sind Nachbarn. Unter Landwirten hilft man sich eben das ein oder andere Mal. Aber seit mein Mann tot ist, haben wir kaum noch Kontakt. Sagen Sie, warum fragen Sie mich das alles?" Klaussen zögerte mit seiner Antwort. Er überlegte, ob er Annelise Klenk wirklich zumuten sollte, den Mann aus seinem jüngsten Mordfall zu identifizieren. Allerdings war er sich einhundertprozentig sicher. Die Identifizierung war nur noch für das Protokoll.

Er entschied sich, ihr das Foto der Leiche zu zeigen. Nicht das der Leiche am Tatort, sondern das aus der Pathologie, wo nur das Gesicht zu sehen war.

„Frau Klenk, wissen Sie, ob Herr Brecker Angehörige hat? Eine Frau, Kinder, Geschwister?“

„Nein, er hat weder eine Frau, noch Kinder. Meine Eltern waren mit seinen Eltern befreundet. Er war ein Einzelkind.“

Klaussen hatte nun eine Rechtfertigung dafür, Herrn Brecker von Frau Klenk identifizieren zu lassen. Darauf hatte er gehofft. Er wollte auf der Suche nach dem Mörder keine Zeit verlieren. Nach diesem Prinzip handelte er immer und es hatte deshalb schon die eine oder andere Beschwerde bei der Dienstaufsicht gegeben.

„Frau Klenk, verzeihen Sie bitte, aber ist das hier auf dem Foto Herr Brecker?“, fragte Klaussen vorsichtig. Die alte Frau schaute auf das Gesicht der Leiche und wurde blass.

Klaussen sah, dass sie sehr betroffen war. „Ja“, sagte sie mit gepresster Stimme.

„Es tut mir leid, Frau Klenk, aber Herr Brecker wurde heute früh tot aufgefunden. Wissen Sie, ob er Feinde hatte?“

„Feinde?“ Sie schrie fast. Dann hatte sie sich wieder gefasst. „Nein, nicht dass ich wüsste.“

„Vielen Dank für Ihre Hilfe, Frau Klenk.“ Klaussen stand auf. „Und vielen Dank für den Tee.“

Als Klaussen wieder im Präsidium ankam, besprach er gleich mit dem Ermittlungsteam die neusten Ergebnisse. Michels hatte mit dem Läufer gesprochen, dessen Hund die Leiche aufgespürt hatte. Das Gespräch hatte nichts weiter ergeben. Die Obduktion der Leiche war noch nicht abgeschlossen, aber die Spurensicherung hatte Fahrzeugspuren und Schleifspuren der Leiche gefunden. Das ließ darauf schließen, dass der Fundort nicht der Tatort war. Klaussen spürte, dass sie langsam vorankamen.

Es war neunzehn Uhr, als Klaussen das Präsidium verließ. Doch er schlug nicht, wie zuerst geplant, den Weg nach Hause ein, sondern hielt vor einer gut besuchten Gaststätte in Kiedrich. Die freundliche, aber gehetzt wirkende Bedienung wies ihm einen Platz an einem kleinen Tisch zu. Klaussen bestellte Wildschweinsülze mit Bratkartoffeln und dazu einen Rotwein. Es schmeckte ihm vorzüglich. Nachdem er gegessen hatte, wandte er sich an die Kellnerin und bat darum, die Gasthausbesitzerin sprechen zu dürfen.

„Das bin ich. Was gibt es, war etwas mit dem Essen nicht in Ordnung?" Marianne Mühlthal sah ihn mit ihrem hübschen, kleinen Gesicht an. „Oh nein, das Essen und der Wein waren hervorragend. Aber ich dachte, Sie können mir vielleicht sagen, wer der Mann auf diesem Foto ist und wo ich ihn finden kann." Klaussen zog das Foto aus seiner schwarzen Mappe.

„Ja natürlich, das ist der Manfred Vogel vom Weingut Vogel. Wir beziehen einen kleinen Teil unseres Weines von ihm. Wenn Sie die Straße bis ganz nach oben durchfahren, können Sie es nicht verfehlen. War´ s das, ich muss nämlich weiterarbeiten", sagte sie und wippte mit ihrem Pferdeschwanz unruhig hin und her.

„Ja natürlich. Vielen Dank, Sie haben mir sehr geholfen." Klaussen bezahlte und beschloss, gleich morgen mit Herrn Vogel zu sprechen.

Der nächste Tag war windig und kalt. Der Herbst ging langsam zu Ende und der Winter brach herein. Klaussen schlug den Kragen seiner Jacke hoch, um wenigstens ein bisschen vor dem Wind geschützt zu sein. Am Weingut Vogel angekommen, klingelte er, doch es öffnete niemand. Klaussen ging um das Haus herum und entdeckte einen kräftigen Mann, der an einem älteren Traktor herumschraubte. „Hallo“, rief Klaussen und lief dem Mann entgegen. Dieser hob kurz den Kopf und widmete sich dann wieder seiner Arbeit. „Herr Vogel“, fragte Klaussen, als er bei dem Mann angekommen war, der nun widerwillig seine Arbeit unterbrach. „Was wollen Sie hier?“, fragte Herr Vogel mürrisch. „Ich bin Hauptkommissar Klaussen von der Kripo und hätte ein paar Fragen an Sie. Herr Vogel, kannten Sie Wilfried Brecker?“ Klaussen klang forsch und fordernd, denn ihm war nicht entgangen, dass der Mann ihm mit Ablehnung begegnete. „Ja“, antwortete er. „Wir sind befreundet. Warum interessiert Sie das?“

„Herr Brecker wurde gestern früh tot aufgefunden. Wir können davon ausgehen, dass Herr Brecker ermordet wurde.“ Klaussen bemerkte ein nervöses Zucken des Augenlides in Herrn Vogels Gesicht. Er wusste nicht, ob es Betroffenheit oder etwas anderes war, das in seinem Blick lag.

„Und ich dachte, wir würden zusammen alt werden“, murmelte Herr Vogel nachdenklich. „Haben Sie schon eine Ahnung, wer es gewesen sein könnte?“

„Nein, leider nicht. Sagen Sie, hatte Herr Brecker Feinde?“, fragte Klaussen, der nun doch fand, dass Herr Vogel schockiert wirkte.

„Feinde? Na ja, es gab da mal etwas vor ein paar Jahren. Wilfried hatte eine Freundin, Emilie Behrend. Sie war fünfzehn Jahre jünger als er und hübsch. Sie waren ungefähr vier Jahre zusammen, als eines Tages der junge Klenk kam und schwupp, war sie weg, die gute Emilie. Sie war eigentlich eine treue Seele, aber er, er hat es mit aller Macht provoziert. Eine Schweinerei war das. Der Klenk und Wilhelm haben kein Wort mehr miteinander gesprochen. Und das, obwohl sie Nachbarn waren. Aber Emilie ist er nachgestiegen, der Wilhelm. All die Jahre ließ er nie locker. Das hat den jungen Klenk ganz schön wütend gemacht. Würde mich nicht wundern, wenn er dem Ganzen ein Ende gesetzt hat."

Klaussen fühlte sich überrumpelt. Damit hatte er nicht gerechnet. Er beschloss, sofort zu dem Bauernhof der Klenks zu fahren. Michels sollte derweil einen Durchsuchungsbefehl beantragen.

Auf dem Weg zu den Klenks fing das Bild in seinem Kopf an sich zusammenzufügen. Das Hanfseil könnte noch aus der Zeit stammen, in der auf dem Bauernhof Tiere lebten. Es gehörte fast zu der Grundausstattung eines jeden Hofs. Eine Liebesgeschichte war nicht selten ein Motiv. Und einen Jeep hatte er bei seinem letzten Besuch auch im Hof stehen sehen. Auch Frau Klenks kurze Fassungslosigkeit, als sie das Foto mit Emilie zu Gesicht bekam, passte dazu.

Als Klaussen in die Einfahrt des Bauernhofs fuhr, war die Hausdurchsuchung schon in vollem Gange. Michels hatte schnell gehandelt. Nachdem er festgestellt hatte, dass Matthias Klenk kein Alibi für die Tatzeit hatte, ließ er einige Techniker kommen, die unter anderem nach Spuren des Seils in Haus und Jeep suchten. Klaussen stieg aus und sah eine völlig aufgelöste Frau Klenk, die mit ihrem Sohn im Hof stand. Als sie ihn sah, reagierte sie aufgebracht. „Was soll das? Was machen diese ganzen Leute hier? Tun Sie doch etwas. Und was hat mein Sohn damit zu tun?" Jetzt weinte sie fast.

„Frau Klenk, beruhigen Sie sich. Ich habe noch ein paar Fragen an Ihren Sohn. Es wird sich zeigen, ob er etwas mit dem Mord zu tun hat." Sie wollte etwas sagen, drehte sich dann aber weg und ging ins Haus.

„Sagen Sie, Herr Klenk, stimmt es, dass Sie kein besonders gutes Verhältnis zu Ihrem Nachbarn, Herrn Brecker, hatten?"

„Was soll ich sagen? Er hat meine Frau belästigt und das seit Jahren. Nein, wir hatten kein gutes Verhältnis."

„Sind Sie froh, dass er tot ist?"

„Ob ich, ob ich froh bin? Jetzt hören Sie mir mal gut zu. Ich konnte ihn nicht leiden, den alten Sack. Aber deshalb bringe ich ihn noch lange nicht um!"

Ein Techniker zog Klaussen zur Seite und deutete auf eine Plastiktüte in seiner Hand. „Wir haben in der Scheune Reste eines Hanfseils gefunden. Und auch ein Messer mit Seilspuren. Es handelt sich vermutlich um dasselbe Seil, mit dem auch das Opfer stranguliert wurde."

Klaussen nickte und wandte sich wieder Herrn Klenk zu. „Herr Klenk, ich muss Sie bitten mit auf das Präsidium zu kommen. Es gibt einige Hinweise, die darauf schließen lassen, dass Sie Herrn Brecker ermordet haben."

Am nächsten Morgen fand Klaussen das Ergebnis der Techniker auf seinem Schreibtisch vor. Sie hatten keine Hinweise auf den Transport der Leiche in Herrn Klenks Jeep gefunden. Auch die Reifenspuren stimmten nicht mit denen am Tatort überein. Klaussen seufzte. Die Lage war nicht so eindeutig, wie er gehofft hatte.

Um zehn Uhr klopfte es an seiner Bürotür. „Herein", rief Klaussen. Eine zierliche blonde Frau trat ein. Sie war stilvoll mit einem cremefarbenen Mantel, Lederhandschuhen und hochhackigen Stiefeln bekleidet. „Ich muss mit Ihnen reden", sagte sie. „Mein Name ist Emilie Klenk. Sie verdächtigen meinen Mann zu Unrecht." Klaussen sah ihr ins Gesicht. „Wie kommen Sie darauf?"

Sie sah zu Boden. „Wenn ich Ihnen das erzähle, müssen Sie mir versprechen, dass mein Mann nichts davon erfährt. Ich habe mich vor ein paar Monaten zwei Mal mit Wilfried getroffen. Ich war es leid, ständig von ihm verfolgt zu werden. Wir haben uns ausgesprochen, weiter nichts. Aber aus irgendeinem Grund hat Vogel davon erfahren."

„Sie meinen Herrn Vogel vom Weingut Vogel?"

„Ja. Seit Jahren hat er schon Existenzprobleme. Er verkauft kaum noch Wein und ist hoch verschuldet. Nun ja, er setzte mich unter Druck. Wollte Geld dafür, dass er meinem Mann nichts von meinem Treffen mit Wilfried erzählt. Dabei habe ich nur dafür gesorgt, dass er mich in Ruhe lässt."

Klaussen sah, dass sie mit den Tränen kämpfte.

„Und, habe Sie ihm das Geld gegeben?"

„Am Anfang. Aber dann habe ich es Wilfried erzählt und ihn gebeten, seinen Freund zur Ordnung zu rufen. Das war am Tag bevor er starb." Klaussen sah, wie ihr die Tränen über die Wangen rollten. Aber er fragte sich, ob sie nicht alles dafür tun würde, um ihren Mann zu entlasten.

„Ah, der Herr Hauptkommissar", begrüßte ihn Mählig überschwänglich. Mählig wusste, wie sehr Klaussen die Pathologie hasste und zog ihn gerne damit auf.

„Mählig, ich habe einen wichtigen Mordfall, der schnell gelöst werden muss. Am besten wir besprechen die Ergebnisse im Vorraum und nicht an der Leiche. Das dauert einfach zu lange." Mählig grinste. „Gut, gut, wie auch immer der Kommissar es wünscht."

„Also, dein Opfer ist erstickt.“ Er machte eine künstlerische Pause. „Aber nicht durch eine Strangulation mit dem Seil. Er war vorher schon tot. Es scheint akuter Sauerstoffmangel ohne direkte Fremdeinwirkung gewesen zu sein. Allerdings habe ich Holzsplitter mit Lackresten in seinen Händen gefunden. Ansonsten nichts, keine Blutergüsse, kein gar nichts.“ Klaussen grübelte.

„Das war alles. Los, los, an die Arbeit. Du hast doch einen Mordfall zu lösen“, rief der Pathologe und scheuchte ihn hinaus.

Als Klaussen nachdenklich den Flur entlang schritt, kam ihm ein entscheidender Gedanke. Er war sich nicht sicher, die Beweislage war zu vage, aber es war einen Versuch wert. Eilig verließ er mit seinem Kollegen das Präsidium.

Dicke Gewitterwolken hingen über dem Dorf. Klaussen stieg aus seinem Wagen und wandte sich zu Michels. „Ich rufe dich an, wenn ich deine Hilfe brauche. Warte bitte so lange hier.“

Klaussen schlich vorsichtig um das große Haus herum. Im Hinterhof angelangt, sah er, dass die Tür des Schuppens offen stand. Vorsichtig schlich er hinein. Vor einer Holztür blieb er stehen. Es war die Tür, die in den Weinkeller führte. Schnell zückte er seine Plastiktüte und ein Messer und begann an der Tür zu kratzen.

„Was suchen Sie hier?“ Die Stimme, die Klaussen vor Schreck zusammenzucken ließ, klang ruppig. Der Mann, der nun dicht hinter ihm stand, sah auf die Plastiktüte mit den Holzsplittern. Klaussen sah, dass er erschrak. Er packte Klaussen heftig am Arm, sodass dieser das Messer fallen ließ. Dann wirbelte er ihn herum und stieß ihn mit aller Wucht die Kellertreppe hinunter.

Klaussens Kopf schmerzte noch immer. Er klopfte gegen die Tür und trat ein. „Ah, der Herr Hauptkommissar", scherzte Michels. Man merkt allen die Erleichterung an, die ein gelöster Mordfall mit sich bringt, dachte Klaussen. Unbeholfen reichte er Michels eine Weinflasche und eine Schachtel Pralinen.

„Oh", sagte Michels. „Womit habe ich denn das verdient?"

„Als Dankeschön. Also, dafür, dass du mich da rausgeholt hast. Aus dem Weinkeller. Du weißt schon." Klaussen rang nach den richtigen Worten. Er war einfach nicht gut darin, sich zu bedanken.

„Ach, das hätte doch jeder getan", sagte Michels, freute sich aber sehr über die Anerkennung seines älteren Kollegen. „Setzt dich doch. Ich würde zu gern erfahren, woher du wusstest, dass es Vogel war."

„Das war reine Glückssache. Von Mählig erfuhr ich, dass Brecker ohne Fremdeinwirkung erstickte. Das ließ mich an Gase als Ursache denken. Die Glückssache daran war, dass ich als kleiner Junge oft auf dem Weingut meiner Tante war. Dort hatte man mir eingeschärft, während der Weingärung immer eine Kerze mit in den Weinkeller zu nehmen. Wenn die Kerze auf dem Weg dorthin aus ging, musste man zurückgehen. Dann nämlich verbrauchte der Gärprozess den vorhandenen Sauerstoff und es bestand Erstickungsgefahr. Die Holzsplitter in den Händen passten dazu. Brecker hat wahrscheinlich um Hilfe geklopft und geschrien. Und Vogels wurde verdächtig, weil er Winzer war und Geldsorgen hatte. Und so banal es klingt, war das wirklich sein Motiv. Denn Brecker hat ihn und das Weingut mit seinem Geld über Wasser gehalten. An dem Abend, an dem Emilie Klenk sagte, dass sie von Vogel erpresst wurde, fuhr

Brecker zu Vogel. Es kam zum Streit, weil Brecker Vogel kein Geld mehr geben wollte und Vogel schloss Brecker in seinem Weinkeller ein. Dieser erstickte. Um den Verdacht auf Michael Klenk zu lenken, fuhr Vogel dort hin und stahl aus der Scheune das Seil, das er dem Toten nachträglich umband. Zusätzlich nahm er Breckers Wagen, um die Leiche in den Wald zu schaffen. Die Techniker haben auf der Fußmatte Fußabdrücke von Vogel mit Erde aus dem Waldboden gefunden, auf den er Brecker geschleppt hat. Die Holzsplitter aus der Tür stimmen ebenfalls überein. Aber mittlerweile hat er ja auch gestanden."

Michels seufzte. „Geld ist doch immer wieder ein Motiv."

„Geld wird immer ein Motiv bleiben", sagte Klaussen, stand auf und trat wieder auf den langen Flur des Präsidiums hinaus.

Kornbrand

Von Paul Nöller

„Markus, fahr doch bitte nicht so schnell, ich kann das heute nicht vertragen!“, hätte Angelika ihm am liebsten ins Ohr geschrien, als sie die B42 von Schierstein kommend in Richtung Rüdesheim fuhren. Aber sein Ohr war bedeckt durch den Helm, das Visier ihres Helmes hätte kein verständliches Wort nach außen dringen lassen und das Geknatter seiner schweren Choppermaschine war so laut, dass man ohnehin kein Wort hätte verstehen können.

„Warum bin ich heute so mies drauf? Mir gefällt es doch sonst auch, rasant durch die Gegend zu düsen, warum mag ich es heute nicht? Außerdem ist auf dieser Strecke Tempo 80 angesagt, an den Aus- und Einfahrten zu den Rheingauortschaften sogar nur Tempo 60. Scherereien mit der Polizei fände ich heute einfach blöd“, gingen ihr die Gedanken durch den Kopf.

„Picknick machen, eigentlich gar nicht so meine Sache; war Markus' Idee gewesen, aber ich wollte nicht schon wieder intervenieren; habe es schon zu oft getan; das Wetter ist zum Glück schön, wenn auch ein wenig schwül“, dachte sie weiter und: „Der Tag wird schon irgendwie vorbeigehen“.

Kurz vor der Ausfahrt Oestrich-Winkel schaltete Markus in einen niedrigeren Gang und verließ nach rechts abbiegend die Hauptstraße.

Vorbei ging es an vereinzelt stehenden Altbauvillen, eingebettet zwischen Feldern von Weinstöcken, die Kultur vergangener Zeiten bewahrend. Dann bog Markus in einen vorher kaum sichtbaren Feldweg ein, der die Aussicht auf die näher rückenden Taunushöhen freigab. Als sich vor ihnen ein von goldgelben Ähren bewachsenes Kornfeld ausbreitete, ließ Markus die Maschine auslaufen und stellte sie unter einem schattigen Baum am Wegrand ab.

„Ist es nicht herrlich hier?“, mit ausholender Hand wies er auf die Umgebung und sah Angelika dabei fragend an. „Muss ich ja zugeben“, erkannte Angelika in Gedanken an und betrachtete das reife, gelbe Getreide, die grünen Blätter der Rebstöcke zwischen denen goldene oder rot funkelnde Trauben leuchteten, die im Sonnenlicht sich spiegelnde Wasserfläche des Rheines und die in der Ferne in einem Dunstschleier bläulich nuancierten Taunushänge.

Doch ihre Miene drückte etwas anderes aus, sie zeugte von Unzufriedenheit und während sie noch unentschlossen in ihrer Motorradkluft im Schatten stehen blieb, hatte Markus sich bereits der Ledersachen entledigt und begann am Rande des Kornfeldes, noch im Halbschatten des Baumes, eine Decke auszubreiten.

„Willst du mir nicht helfen, unsere Picknicksachen auszupacken?“, sprach er Angelika an, als er die Kühlbox aus den Satteltaschen hob.

„Ich will nicht, ich will nicht, ich will am liebsten gar nichts!“, lag es ihr auf der Zunge zu antworten, doch sie blieb stumm und begann sich unwillig aus ihrer Schutzkleidung zu schälen. „Irgendetwas stimmt heute überhaupt nicht mit mir, was ist nur los?“, ging es ihr unwirsch durch den Kopf, als sie sich endlich auf der ausgebreiteten Decke niedersetzte, während Markus bereits kleine Leckerbissen und gekühlten Wein in zwei Gläsern am Kopfende der Decke bereitgestellt hatte.

Markus reichte Angelika ein Glas Wein, um mit ihr anzustoßen und um mit den Worten: „Auf einen vergnüglichen Nachmittag!“, die bedrückte Stimmung ein klein wenig aufzuhellen. Aber es war nichts zu machen, Angelika trank einen Schluck Wein, verzog angewidert das Gesicht, wollte das Glas abstellen und kippte aus Versehen den Rest über die Decke. „Verdammt noch mal, heute ist aber ein blöder Tag!“, rutschten ihr die Worte aus dem Mund, während sie sich bäuchlings auf die Decke fallen ließ. Frustriert riss Markus einen Getreidehalm aus der Erde, brach sich ein kurzes Stück davon ab, steckte es in den Mund und kaute darauf herum. Jetzt habe ich ihn aber zu sehr verärgert, musste Angelika einräumen, denn immer wenn bei Markus etwas aus dem Gleis lief, steckte er sich etwas zwischen die Zähne, sei es ein Streichholz, einen Zahnstocher, einen Bleistift, selbst Grashalme mussten daran glauben, um darauf herumzukauen. Angelika wollte sich gerade versöhnlich auf den Rücken drehen, als eine zeternde, unartikulierte Stimme zu ihnen drang, die irgendeine Aufforderung zu enthalten schien. Sie richteten sich beide auf und sahen am Rand des kleinen Wäldchens eine eigenartige Person stehen, die mit beiden Armen in der Luft herumfuchtelte und ununterbrochen seine Kauderwelschtöne ausstieß, wovon Angelika einen Ausdruck wie „Herr Gott, mein“ herauszuhören glaubte. Markus, dem es nach einiger Zeit zuviel wurde, schrie ihm entgegen, dass er verschwinden solle, worauf sich die Figur niederduckte und nicht mehr zu sehen war. Beide beruhigten sich schnell wieder, Markus spuckte seinen Halm zu Boden, trank einen Schluck Wein und wandte sich Angelika zu, um sie zu küssen.

Sie schien auch die zärtliche Annäherung zu genießen, aber als Markus etwas zudringlicher wurde, sträubte sie sich dagegen und in diesem Moment wurde ihr die sonderbare Stimmung und Antriebslosigkeit bewusst, die sie den ganzen Tag heimgesucht hatte. Was ihr blöderweise total entfallen war, sie stand kurz vor ihrem Monatszyklus. „Mein Gott, hatte diese Figur eben nicht auch *mein Gott* oder war es *Herr Gott* gerufen? Egal, wichtig ist es jetzt, Markus diese Situation schonend beizubringen!", schossen ihr die Gedanken durch den Kopf, als sie einen dumpfen trockenen Schlag zu vernehmen glaubte, Markus einen kurzen Schrei ausstieß und sich die Hände an die Stirn presste. Blut quoll dazwischen hervor, Markus nahm die Hände herunter, betrachtete die blutverschmierten Finger, konnte es zunächst selbst nicht glauben, sprang auf die Füße, schaute hinüber zu dem Waldrand und sah die verlotterte Person in einem Waldweg verschwinden. Er war von einem Stein getroffen worden. Eine tiefe, lange Platzwunde zog sich quer über seine Stirn. In der Satteltasche befand sich nur ärztlicher Notbehelf, Mull, eine Binde, etwas Heftpflaster. Angelika legte mit zitternden Fingern den Mull auf die Wunde, wickelte die Binde um den Kopf und befestigte beides mit dem Heftpflaster. So schnell hatte sie noch nie die Decken in der Satteltasche verstaut, alle für das Picknick ausgepackten Gegenstände ließ sie einfach am Wegesrand liegen.

„Markus, es blutet schon durch die Binde, wir müssen so schnell wie möglich ins Rüdesheimer Krankenhaus, kannst du noch fahren?", fragte Angelika mit betont beherrschter Stimme und half Markus, die schwere Maschine bereit zu machen.

Von hinten umfassend hielt Angelika sich mit dem linken Arm fest, während sie, mehrere Taschentücher greifend, mit der rechten Hand die blutende Wunde abdeckte. Die zwanzig Minuten kamen ihr wie eine Ewigkeit vor, aber sie schafften es. Die Notaufnahme war frei, ein diensthabender Arzt sofort zur Stelle. Angelika konnte sich im Warteraum niedersetzen und erst mal ruhig durchatmen. „Was für ein verrückter Tag!“, zog sie noch das Resümee und dachte, dass jetzt alles gut werden würde. Dass man sich sehr täuschen kann und das Leben seine eigenen Gesetze hat, sollte ihr noch schmerzlich bewusst werden.

***

Wie gesagt, so stellte es sich vor einem Jahr dar. Der Arzt weckte sie damals im Wartezimmer auf, in dem er sie an der Schulter rütteln musste und sagte ihr, dass sie Markus wegen eventueller Wundverschmutzung, Tetanusimpfung, Temperaturüberwachung undsoweiter, gern noch über Nacht dabehalten würden und dass er in Zimmer 13 untergebracht wäre. Sie rappelte sich schläfrig auf, stieg die Stufen in den ersten Stock hinauf und betrat sein Zimmer. Da lag Markus, mit Kissen im Rücken halb aufgerichtet im Bett und schaute sie erwartungsvoll an. „Hi, siehst aus wie ein Ayatollah, steht dir aber gut!“, waren als aufmunternde Worte von Angelika gedacht, die Markus auch so verstand, ehe sie ihm einen flüchtigen Kuss auf die Lippen hauchte. In dem schmerzstillenden Mittel waren bestimmt auch beruhigende Ingredienzen enthalten, denn die anschließende Unterhaltung wollte nicht mehr richtig in Gang kommen. Hätte Angelika gewusst, was sie erwartete, hätte sie sich nicht so leichtfertig verabschiedet, mit der Hoffnung im Herzen, den Rest des Tages entspannt zu verbringen, ein Buch zu lesen und frühzeitig zu Bett zu gehen.

***

Das konnte sie auch alles genau in dieser Reihenfolge genießen, bis es am nächsten Morgen sehr früh an der Tür klingelte und ein Mann mittleren Alters davor stand. „Sind Sie Frau Angelika Heimers?“, fragte er mit betont unbeteiligter Stimme und als Angelika durch ein Kopfnicken bejahte, fuhr er mit zunehmend teilnahmsvollem Tonfall fort: „Mein Name ist Böttger, Thorsten Böttger von der Kripo Wiesbaden, ich muss Sie in einer bestimmten Sache befragen. Gestatten Sie, dass ich eintrete?“, und er zückte einen Ausweis, den er ihr vor die Nase hielt. „Kripo“, das Herz schlug unwillkürlich etwas schneller. Alle Möglichkeiten einer eventuellen Straftat eilten ihr gedankenschnell durch den Kopf. Habe ich unbemerkt einen Unfall verursacht? Fahrerflucht? Nein, mein Auto ist seit zwei Wochen in der Werkstatt! Vergessen irgendwo Gebühren zu bezahlen? TV, Radio? Nein – werden immer abgebucht! Ihr fiel nichts mehr ein – der Herzschlag beruhigte sich etwas. „Ist etwas mit meinem Bruder? Meine Eltern sind beide schon tot!“, stellte sie Böttger die Frage. Der schüttelte den Kopf, kramte ein Tempo aus der Tasche, schnäuzte sich die Nase, und sagte:

„Frau Heimers, der Auslöser meiner Anwesenheit ist das Krankenhaus Rüdesheim. Sie kennen Markus Priel? Wenn ja, muss ich Ihnen leider ein paar Fragen stellen!“ Jetzt konnte sich Angelika nicht länger beherrschen, die Fragen und Antworten purzelten einfach aus ihr heraus: „Markus und ich sind seit längerer Zeit befreundet, wir wollten gestern ein Picknick bei Oestrich-Winkel machen, aber es kam etwas dazwischen und Markus liegt im Krankenhaus. Sind wir vorschriftswidrig gefahren? Aber Markus war verletzt!". „Nein, nein, nichts von alledem!", versuchte Böttger zu beruhigen und war verzweifelt bemüht, auf den Punkt zu kommen.

Er wies auf zwei Sessel im Wohnzimmer und sagte: „Frau Heimers, setzen wir uns doch bitte. Ich komme, wie gesagt, direkt aus dem Krankenhaus hierher. Der behandelnde Arzt hat uns angerufen, weil etwas geschehen ist, was er sich nicht erklären kann, aber jetzt bitte ich Sie, sich auf etwas Schlimmes gefasst zu machen. Ich muss Ihnen leider mitteilen, dass Herr Markus Priel heute früh unter nicht zu klärenden Umständen verstorben ist." Er machte hier eine Pause, in der sich die Welt in ein unendliches, undenkbares Inferno auszudehnen schien. Angelikas Kopf schien bersten zu wollen, zog sich dann zu einem winzigen, nutzlosen etwas zusammen und sie hörte nur noch ein gleichmäßiges, aber lautes Hämmern ihres Herzens in ihren Ohren. „Nein, nein, das kann nicht sein!", hörte sie sich leise wimmern, was fiel dem Mann ein, ihr einen derartigen Schmerz zuzufügen? Sie hatten doch beide gestern noch froh in die Zukunft geblickt." Böttger wäre kein erfahrener Kriminalbeamter gewesen, wenn er, bei allem Respekt, nicht auch in dieser Situation seine Chance genutzt hätte. Er musste eine mögliche Straftat aufklären und nutzte die Gunst der Stunde, um weiter zu fragen: „Frau Heimers, der Arzt sagte mir, dass die gestrigen Untersuchungen keinerlei Hinweise einer möglichen organischen Krankheit von Herrn Priel erkennen ließen. Heute früh ist er durch Atemnot und Herzstillstand zu Tode gekommen. Der Arzt, oder besser die Ärzte, können dafür keinerlei Erklärung finden. Haben Sie gestern irgendwelche Drogen zu sich genommen?". Was er jedoch auf Anraten der Ärzte, um eine mögliche Hysterie zu vermeiden, wohlweislich verschwieg, war die Tatsache, dass der Körper von Markus mit einem Ausschlag roter, entzündeter Pusteln übersät war.

Angelika konnte die Welt nicht mehr verstehen. Sie konnte alle Fragen wahrheitsgemäß beantworten, wurde aber das Gefühl nicht los, dass sie zeitweise selbst im Fokus der Verdächtigungen stand. Auch der Hinweis auf diesen fremden Mann im Wald, meinte sie jedenfalls, wurde skeptisch betrachtet, als würde man annehmen, sie hätte Markus die Verletzungen zugefügt.

***

So verging eine für Angelika sehr grausame Zeit. Die Gerichtsmediziner hatten tatsächlich minimale Spuren LSD-ähnlicher Alkaloiden festgestellt, die Leiche aber nach einer Woche freigegeben. Die Ärzte waren heilfroh, dass die Angehörigen nicht mehr den Körper von Markus sehen wollten; die einzige Pustel in der Halsgegend war kunstvoll retuschiert worden. Die Beerdigung im Kreise der Angehörigen und vieler junger Menschen, war für Angelika der schlimmste Prozess ihres bisherigen Lebens gewesen. Inspektor Böttger ließ sich die ersten Wochen noch dreimal blicken, stellte Fragen, bekam keine befriedigenden Antworten und die ganze Sache schien einzuschlafen. Für Angelika verlief das Jahr gleichmäßig, eintönig, dumpf, mit nagenden Fragen im Unterbewusstsein, auf die sie irgendwann eine Antwort erhalten wollte.

***

Eigentlich hieß er Jakob Russler, aber alle, oder wenigstens die meisten von ihnen, nannten ihn nur Jockeli, weil er so lieb war. Die wenigen, die ihn nicht so nannten, sprachen ihn mit Jockel an, weil er ihnen nicht so lieb vorkam. Das hatte seine Ursache im Verhalten von Jockeli-Jockel selbst.

Wenn er mit seinem dreirädrigen Fahrrad, hinter dem er einen zweirädrigen Karren herzog, tagsüber unterwegs war und Menschen begegnete, hob er grüßend die rechte Hand und schrie seine unverständliche Begrüßungszeremonie. Dann weckte er bei den Leuten ein verständliches Mitleid, wenn er im Sommer mit seiner nach hinten gedrehten Baseballmütze und seinem dunkelgrünen Jogginganzug, an den Füßen die alten, ehemals weißen Turnschuhe, durch die Straßen düste. Im Winter war die Baseballmütze durch eine Nase bedeckende Strickkappe mit Sehschlitzen ersetzt; über dem Jogginganzug trug er einen dicken, halblangen Anorak mit Kapuze und seine Füße waren in pelzgefütterten Stiefeln verpackt. Immer schön warm halten, hatten die Ärzte zu seiner Mutter gesagt, als sie ihn nach monatelangem Krankenhaus- und Klinikaufenthalt endlich in ihr kleines Häuschen am Ortsrand von Mittelheim nach Hause holen durfte. Früher war er ein beliebter Lehrer an der Gesamtschule in Eltville gewesen, wo er die Fächer Biologie und Erdkunde betreute, bis ihm der schreckliche Unfall mit seinem Motorrad widerfuhr. Ob er oder der einbiegende Autofahrer schuld war, konnte nie eindeutig geklärt werden. Man war zunächst froh, dass Jakob mit dem Leben davon kam; dass er aber ein so bitteres Los ziehen musste, konnte niemand voraussehen und es gab jedem, der darum wusste und an diese Zeit zurückdachte, bei seinem Wiedersehen jedes Mal einen Stich ins Herz. Das waren diejenigen, die ihn lieb hatten. Wenn Jockel allerdings nachts durch die Gegend brauste, bevorzugt dafür Vollmondnächte auswählte, immer wieder dabei sein wolfsähnliches Geheul ausstieß, oft bis zum Morgengrauen unterwegs war, dann fanden das einige Leute verständlicherweise nicht so toll.

Als eines Nachts in Geisenheim eine Scheune in Flammen aufging, wiesen einige Nachbarn mit versteckter Hand auf Jockel, was aber nie belegt werden konnte. Das waren diejenigen, die ihn nicht so lieb hatten.

***

Heute klopfte Inspektor Böttger, an seiner Seite Angelika Heimers, zaghaft an die Tür der Wohnung von Jakob und seiner Mutter, ohne recht zu wissen, was er eigentlich fragen wollte. Er hatte die nie ganz geklärte Geschichte des Todes von Markus Priel nur noch halbherzig verfolgt und einzig die gelegentlichen, nachfragenden Anrufe von Angelika hielten den Fall noch am Leben, weshalb er sie auch heute mitgenommen hatte. Die Aussage von Angelika, dass da ein Mann gewesen und sie gar mit einem Stein beworfen haben sollte, hatte er nie so ganz ernst genommen. Eine ältere, verhärmte Frau öffnete ihnen die Tür und als Inspektor Böttger sich vorstellte und sie nach Jakob fragte, hieß die Frau sie einzutreten, drehte sich um und rief nach Jakob. Unterdessen saßen sie auf den schäbigen Sesseln in dem kleinen Raum, der als Wohnzimmer diente, als eine Seitentür sich öffnete und Jakob seinen Kopf herein steckte. Er sah Böttger irritiert an, schien zutiefst erschrocken, als er Angelika erblickte und wollte sich schleunigst entfernen, als ihn seine Mutter mit den Worten: „Jakob, komm sofort her!“, zurückrief, worauf er verlegen an der Tür stehen blieb und ununterbrochen den rechten Daumen in der Innenfläche der linken Hand drehte.

Inspektor Böttger war sofort klar, wie der Hase lief und bat Jakobs Mutter, ihn zu fragen, ob er sich an die Begebenheit vor einem Jahr erinnern könne. Jakob stand sofort hell in Flammen, fuchtelte zur Bekräftigung seiner undeutlichen Aussage lebhaft mit den Händen in der Luft herum, wobei man immer wieder aus seinen unartikulierten Lauten die Begriffe: „Mein Gott“ oder „Herr Gott“, heraushören konnte, wofür Böttger keine Erklärung fand und die Mutter daraufhin ansprach. „Nein!“, antwortete sie, „ich kann da auch keinen Sinn heraushören. Aber eines können Sie mir glauben, Jakob kann sich trotz allem gut erinnern! Und er ist ein guter Junge, er tut nichts Böses!“. Als ob man einen erwachsenen Jungen, der anderen Steine an den Kopf wirft, als gut bezeichnen kann, wagte Böttger zu bezweifeln, aber mehr war momentan hier nicht zu erfahren.

„Wir bleiben dran!“, sagte er zu Angelika, als sie sich vor dem Haus verabschiedeten, worauf Angelika antwortete:

„Darauf können Sie Gift nehmen!“, und das sollte nicht lange auf sich warten lassen.

***

„Mama, die Tante schläft so fest!“, sagte Sabinchen und zupfte ihre Mutter am Ärmel, als es vom Oberdeck des Fahrgastschiffes Rheinfels, das sich auf der Rückfahrt kurz vor der Anlegestelle Rüdesheim befand, wieder die eiserne Treppe heruntergestiegen war; doch die Mutter wollte nicht darauf hören. „Komm’ gucken“, zog Sabinchen die zwei Worte so betont in die Länge, dass ihrer Mutter nichts übrig blieb als mitzukommen. Sie gingen die Stufen empor und da sah sie die Frau im Heckteil des Schiffes, unter einem kurzen Vordach, zusammengesunken auf einem der Plastikstühle sitzen.

Ein Sitzen war es eigentlich nicht, denn die Arme hingen seitlich an der Lehne herunter, der Kopf war tief auf die Brust gesunken. Gern hätte sie versucht, die Frau durch ein Rütteln an der Schulter aufzuwecken, aber die deutlich sichtbaren roten Pusteln an Armen und Hals ließen sie in der Bewegung zurückschrecken, auf dem Absatz kehrtmachen und zum Steward an der Bar stürmen, der alle weiteren Schritte in die Wege leitete. Ein Teil der Schiffsmannschaft sperrte den Zugang zum Oberdeck ab, ein Erste-Hilfe-Mann schaute nach der Frau, der Kapitän versuchte in aller Eile das Schiff anzulegen, während gleichzeitig die Rettungskräfte in Rüdesheim informiert wurden. Kurz darauf war das „Tatü Tata“ des näher kommenden Rettungswagens zu hören.

***

„Unser Einsatz geht schon weiter!“, sagte Inspektor Böttger keine Stunde später zu Angelika und lenkte das Fahrzeug in Richtung Rüdesheimer Krankenhaus, wo beide von Dr. Böhm bereits im Foyer empfangen wurden. „Hallo, Inspektor Böttger, ich kann mich noch an Sie erinnern!“, begrüßte er ihn und ein erschüttertes Wiedererkennen zog über sein Gesicht, als er Angelika anblickte. „Sind Sie nicht die Frau, die vor einem Jahr … ?“, weiter wollte er seine Frage nicht ausweiten, als er Angelika nicken sah und Inspektor Böttger in die Augen blickend fuhr er fort: „Eine Frau ist vor einer halben Stunde eingeliefert worden. Der Körper weist die gleichen Symptome wie vor einem Jahr bei Herrn Priel auf. Ich habe die Akten noch mal überprüft, sie ist letztlich auch an Atemnot und Herzstillstand verstorben, weitere Untersuchungen laufen noch. Das Befragen der Schiffscrew ergab nur, dass die Frau zu Beginn der Rückfahrt einen Drink an der Bar genommen und sich unbemerkt danach auf das Oberdeck zurückgezogen hat. Es hat heute geregnet, sodass sich keine weiteren Passagiere dort befanden, bis nach etwa vier Stunden das Kind zufällig nach oben ging. Herr Inspektor Böttger, wir müssen schnellstens eine Erklärung finden!"

***

Zwei Tage später saß Böttger um 21 Uhr immer noch in seinem Büro. Die Sache ließ ihm keine Ruhe, ‚wir müssen eine Erklärung finden', hatte der Arzt gesagt. Als ob ihm das nicht selbst bewusst wäre. Aber welche Erklärung konnte man für all das finden? Eine viruelle oder bakterielle Ursache konnten die Ärzte zwischenzeitlich ausschließen. Kein Grund also an die Öffentlichkeit zu gehen, die Gefahr einer Pandemie schien nicht vorzuliegen. Böttger legte die Beine auf die Tischplatte, verschränkte die Hände im Nacken, war gar nicht mehr in der Lage zu denken, wollte sich gerade auf den Heimweg machen, als das Telefon läutete. „Böttger hier!", konnte er gerade noch sagen, als Dr. Böhm auch schon lossprudelte: „Herr Inspektor Böttger, vor einer Stunde sind drei weitere Personen hier eingeliefert worden. Gleiche Symptome, gleicher Ablauf. Den leichtesten Fall haben wir an die Herz-Lungen Maschine angeschlossen, er könnte vielleicht gerettet werden. So viel ich weiß, haben Freunde sie ins Krankenhaus begleitet, es sind Sangesbrüder, die in einer Kneipe ihren Erfolg gefeiert haben. Jetzt wird es ernst, Herr Inspektor Böttger, ich glaube, wir müssen an die Öffentlichkeit gehen!". „Weiß Gott, da hatte er nicht ganz Unrecht", dachte Böttger und wählte die Nummer seines

Vorgesetzten. Bereits zwei Stunden später war ein Ermittlungsteam zusammengestellt, ein Spezialist vom LKA angefordert, auch Dr. Böhm sollte in alle Gespräche eingebunden werden, die Suche konnte beginnen, wenn auch keiner wusste wonach eigentlich gesucht wurde.

***

„Mysteriöse Todesfälle im Rheingau!“, titelten die Zeitungen, die Radio und TV-Sender versuchten etwas verhaltender zu berichten, was jedoch nicht verhinderte, dass die Bevölkerung immer nervöser und fordernder reagierte. Als sich am nächsten Tag ein weiterer Todesfall ereignete, eskalierte die Stimmung in bedenklicher Weise. „Ärzte machtlos! Polizei unfähig!“, konnte man noch in die Rubrik der harmlosen Überschriften einreihen.

***

Samstagabend kurz vor 22 Uhr saßen Inspektor Böttger und der LKA-Mann immer noch im Präsidium, und immer noch hatten sie keine Ahnung, in welcher Richtung sie suchen sollten, als nach lautstarkem Wortwechsel der Beamte vom Empfangstresen Jakob hereinführte. Völlig aufgelöst, mit Händen und Füßen gestikulierend, Böttger am Rockärmel zupfend, versuchte er anzudeuten, dass sie mitkommen sollten. „Wir haben eh' nichts zu verlieren!“, resignierte letztendlich selbst der LKA-Kommissar und so fuhren sie zu dritt mit einem Polizeiwachtmeister hinter Jakobs Dreirad im Dienstwagen durch die dunkle Nacht. Durch Oestrich, Winkel, Geisenheim suchten die Kegel der Scheinwerfer ihren Weg und fanden ihr Ziel erst auf dem Gelände eines großen Pharmaunternehmens, dessen Fenster in der Produktionsstätte noch hell erleuchtet waren. Jakob deutete aufgeregt auf die Eingangspforte. „Wir können doch nicht einfach reingehen, was sollen wir sagen?“, richtete sich Böttger an den LKA-Mann. „Wir sind nun einmal hier, also schauen wir mal!“, antwortete dieser, trat an die Tür und klingelte.

Ein älterer, leicht ergrauter Mann in weißem Kittel und Atemmaske öffnete und fragte mit erschreckter Stimme höflich: „Oh, die Polizei, was kann ich für Sie tun?“.

„Samstagabend, um diese Zeit noch Licht?“, begann der LKA-Mann und sich erinnernd ergänzte Böttger: „Ich fahre öfter hier vorbei und habe in letzter Zeit Derartiges nicht bemerkt. Da dachten wir, wir schauen lieber mal rein!“.

Es kam ihm selbst an den Haaren herbeigezogen vor, aber die eigenartige, innere Erregtheit ihres Gegenübers ließ leise Alarmglocken in Böttger erklingen. „Können wir uns kurz umsehen?“, sprach er den Mann an, als er sah, wie Jakob neugierignervös in der Produktionshalle herumschnüffelte, und an einem Stahlkessel wieder sein „Herr hilf“ oder „Herr Gott“ von sich gab, das Böttger unverstandener Weise nun schon mehrmals gehört hatte. „Selbstverständlich können Sie, aber ziehen Sie bitte vorher diese Atemmasken an, das ist Vorschrift. Wenn Sie die Produktionsgenehmigung sehen wollen, die kann ich gerne vorweisen. Im Übrigen, wir produzieren jedes Jahr um diese Zeit!“.

„Sie sind sicher der Produktionsleiter, kann ich vielleicht morgen früh den Abteilungsleiter sprechen?“, hakte Böttger nach, wobei das Gesicht seines Gegenübers noch eine Nuance fahler wurde, als sie sich verabschiedeten und zurückfuhren.

***

„Was sagt dein Gefühl?“, fragte Heinz Rosen, der LKA-Beamte, mit dem sich Böttger mittlerweile duzte. „Gibt es einen Anhaltspunkt?“ „Heinz, an drei Punkten könnte man ansetzen“, entgegnete Böttger und rieb sich die Stirn. „Erstens war mir der Junge zu nervös, zweitens schien er Jakob irgendwoher zu kennen und drittens geht mir seine Bemerkung ‚*Wir arbeiten wie jedes Jahr*‘ nicht aus dem Kopf und vor genau einem Jahr fing die Sache an. Wir lassen uns morgen die Arbeitsunterlagen aus dieser Zeit vorlegen und setzen unsere Leute darauf an. Wird eine Menge Arbeit bedeuten!“

***

Aber dieser Punkt machte überhaupt keine Arbeit mehr. Als Böttger und Rosen, zusammen mit Dr. Böhm, den sie vorsorglich zu dem Pharmaunternehmen mitgenommen hatten, dem zuständigen Abteilungsleiter die Frage nach den vorjährigen Arbeitsunterlagen stellte, bat sie der sichtlich bedrückte, schuldbewusste Mann Platz zu nehmen, ehe er ihnen eröffnete: „Wir haben speziell abgesicherte Felder, die wir unter besonderen Sicherheitsmaßnahmen abernten und verarbeiten. Bei dieser Verarbeitung im vergangenen Jahr waren für uns unbemerkt wichtige Spezialfilter schadhaft gewesen, sodass wir die Ausbeute einer ganzen Woche vernichten mussten. Für alle normal verlaufenden Prozesse, bei denen am Ende ein ungefährliches Abfallprodukt zurückbleibt, nutzen wir einen Entsorgungsbetrieb, der die Abfälle zur Verbrennung weiter gibt. Dies hatten wir auch damals zur Auflage gemacht, was aber scheinbar nicht geschehen ist und uns heute, nach Analyse und Ansicht der Todesfälle zu einer grauenhaften Erkenntnis geführt hat!“. An dieser Stelle unterbrach ihn Dr. Böhm aufgeregt und sagte: „Mein Gott, jetzt wird es mir klar, Isenheimer Altar, Antoniusfeuer, seit über 400 Jahren gab es bei uns so etwas nicht mehr! Ist es nicht so?“, und er sah den Abteilungsleiter entgeistert an.

„Sie liegen genau richtig!“, antwortete dieser und versuchte sachlich weiter zu erklären, „das sogenannte Mutterkorn, Claviceps purpurea, das wir gezielt züchten und durch eine sogenannte Perkolation trennen, um die reinen Alkaloide zu erhalten, ist das Ausgangsprodukt für verschiedene Medikamente, die zur Blutstillung, zur Migränebehandlung als auch zur Einleitung von Wehen genutzt werden. Wir nehmen an, dass unser Vertragsmann die Fracht heimlich auf einem Acker abgekippt hat, auf dem wahrscheinlich Korn ausgesät wurde.“

Rosen und Böttger standen Schweißperlen auf der Stirn.

„Sie wollen damit andeuten, dass aus dem Korn Schnaps gebrannt wurde? Das würde natürlich den Todesfall auf dem Schiff und in der Kneipe erklären, aber wie kann man die Sache mit Markus Priel vor einem Jahr erklären?“, warf Böttger in die Debatte. „Zu all dem kann ich noch Folgendes hinzufügen!“, wandte der Abteilungsleiter ein, erhob sich von seinem Platz, ging langsam auf und ab und erklärte: „Der Verursacher hat uns diese Tat bereits gestanden, der Getreidebauer wusste nichts von der Sache. Wahrscheinlich hat Herr Priel vor einem Jahr im Feld einen Halm gekaut und sich infiziert. Durch das Prozedere der Perkolation hat sich der Alkaloidkomplex anscheinend vervielfacht, oder das Ergotamin ist aggressiver geworden. Böttger sprang vom Sitz auf, eine Assoziation wollte sich in seinem Kopf einen Durchbruch verschaffen, aber er konnte die Verbindung nicht herstellen. „Wiederholen Sie das letzte Wort bitte noch einmal, Ergo … was?“, fragte er den Abteilungsleiter.

„Ergotamin, ein Bestandteil des Alkaloidkomplexes“, erklärte der Abteilungsleiter und jetzt klingelte es bei Böttger. „Reden Sie weiter, gibt es auch etwas über Jakob Russler zu sagen?“, fiel er ihm ins Wort. „Allerdings!“, sprach der andere weiter, „unser Produktionsleiter hat ihn gestern Abend sofort erkannt, da er früher mit seinen Schülern, Sie wissen ja, dass er Biologielehrer war, öfter bei uns Besichtigungen gemacht hat. Wie ihm die Sache aufgefallen ist, werden wir nicht mehr rekonstruieren können, denn ein gezieltes Gespräch ist mit ihm ja nicht mehr zu führen. Meine Herren, die Zeit läuft uns davon, auf Sie kommt eine Menge Arbeit zu, aber wir fühlen uns mitschuldig und werden Ihnen dabei helfen, wo es nur geht!“

***

Draußen auf dem Betriebsgelände wartete Jakob auf sie. Böttger fühlte sich getrieben, sah Jakob an und sagte laut und deutlich das Wort: „Ergotamin!“, worauf ein Strahlen über Jakobs Gesicht ging und ein Wortschwall seinen Mund verließ, wobei immer wieder das ‚Herr Gott‘ oder das ‚Herr Gott hilf‘ herauszuhören war.

Nun war es ganz klar.

„Jakob hätte ihnen von Anfang an die Wahrheit sagen können, aber keiner konnte ihn verstehen. Immer wieder kann unüberlegte, gnadenlose Gewinnsucht ein ‚Hochprozentiges Vergnügen‘ in ‚Tödlichen Ernst‘ verwandeln und Beistand war jetzt bitter nötig, um die noch heimtückisch, schlummernde Gefahr gänzlich auszuräumen!", diese Gedanken schwirrten Böttger durch den Kopf, als Jakob fröhlich strampelnd und laut artikulierend über das Fabrikgelände durch das Eingangstor radelte.

Flambierte Spitzen

Von Eva Partusch

Wilbur Walden war ein scheuer Mensch. Stets schreckte er im Inneren seines Wesens zurück, wenn ihn jemand ansprach. Musste das nun wieder sein? Er zog es vor, in seiner Wirklichkeit zu leben und sich nicht die Zeit stehlen zu lassen, die er für wichtigere Dinge vorgesehen hatte. Und er hatte Wichtigeres im Sinn. Deshalb gab er sich die Aura des Ruhigen und Überlegenen, an den man sich nicht so leicht herantraute. So hatte er die Muße, die er für seine Analysen der internationalen Aktienmärkte benötigte. Das war seine große Passion. Dafür lebte er. Alles andere war Makulatur.

Er war einer der bekanntesten und erfolgreichsten Aktienfondsmanager Deutschlands und hatte beinahe schon den Status einer Person der Zeitgeschichte. Die gesamte Fachwelt fragte sich, wie er es schaffte, schneller als jeder andere selbst stark schwankende Marktbewegungen so einzuschätzen, dass seine Investmententscheidungen einem Sechser im Lotto gleichkamen.

Die Zeiten waren schlecht. Die Weltwirtschaftskrise war in vollem Gange und die Atmosphäre in dem Frankfurter Investmenthaus, in dem man ihn zu allem Überfluss auch noch zum Vorstandssprecher ernannt hatte, äußerst desolat. Doch an diesem Morgen war etwas los hier. Die Köpfe seiner Kollegen steckten zusammen, als er die schwere Glastür öffnete. „Das kann doch nicht wahr sein“, sagte Salesmanagerin Fabienne Fender. „Andreas Trebitsch tot?“

„Ermordet?" „Sein Hirn soll an der Hildenbrand-Lagerhauswand auf dem abgelegenen Parkplatz direkt hinter dem Gebäude des FAZ-Medienhauses kleben. Man spricht auch noch von einer weiteren Entstellung, die sich wohl in Richtung seiner Männlichkeit bewegt", wusste Peter Schöffe zu berichten. Er war der Pressesprecher des Hauses und niemand zweifelte am Wahrheitsgehalt seiner Worte, wenn er die Miene auflegte, die er heute zum Besten gab. Da ging die Tür auf und Olga Iljevic, die Assistentin von Marketingchef Andreas Trebitsch stürzte weinend herein. „Andi ist ermordet worden. Ohne Chef bin ich arbeitslos ... Schöne Scheiße."

Hochprozentiger Tresterbrand direkt vom Weingut Heinz Irsching aus ihrem Heimatort Iphofen im Frankenland war der Grund für Carla Biancis Kopfschmerzen an diesem Montagmorgen. Gemeinsam mit ihrem Mann Guiseppe hatte die sportliche Mitvierzigerin am Abend zuvor getrunken und ein Gläschen zu viel erwischt. Seit zehn Jahren arbeitete sie nun schon bei der Kripo Frankfurt und war erst letztes Jahr in die Mordkommission berufen worden. Eigentlich war diese Abteilung immer noch eine Männerdomäne, aber an ihren Aufklärungserfolgen der letzten Zeit war nicht zu rütteln. Und jetzt mischte sie offiziell mit. Was war geschehen? Der 40-jährige Marketing-Manager Andreas Trebitsch war vor der Mauer der Lagerhalle Hildenbrand von einem Kollegen tot aufgefunden worden, als dieser sein Auto auf dem abgelegenen Parkplatz abstellen wollte. Das Gelände war ein Geheimtipp für Frühparker. Zu späterer Stunde blieb nur noch das teure Parkhaus. Trebitsch war in der Tat übel zugerichtet worden: Teile seines Hirns klebten an der mit Graffiti-verzierten Hauswand der alten Lagerhalle. Dem nicht genug. Jemand hatte seinen Unterkörper komplett entkleidet und die Spitze seines Penis scheinbar „flambiert“. Eine leere Flasche hochprozentiger Calvados lag neben der Leiche. „Sehr makaber“, dachte sich Carla, als sie den Tatort inspizierte. Sie entschied sich sogleich dafür, Trebitschs letzten Tagen und Stunden nachzugehen. Wie hatte er das letzte Wochenende seines von Erfolgen durchzogenen Lebens verbracht? Dass er so etwas wie ein Shootingstar in der Investment-Szene war, wusste sie bereits. Als Sprössling aus bescheidenen Verhältnissen – seine Eltern unterhielten eine Tankstelle in der Nähe von Marburg – machte er eine Banklehre bei der Deutschen Bank, rutschte per Losverfahren in ein Traineeprogramm, fing danach an, Produktinformationen bei der Investmentgesellschaft des Bankhauses zu schreiben und kletterte binnen kurzer Zeit die Karriereleiter so weit nach oben, dass er jetzt Global Head of Marketing war. Wie so etwas geht? „Eigentlich ganz einfach“, berichtete ihr Pressesprecher Peter Schöffe, als sie ihn am nächsten Tag bat, ihr die Persönlichkeit Trebitschs zu beschreiben. „Stetig sein Arbeitsumfeld beobachten, seinen Vorgesetzten scheinbar dienen und ihre Gunst gewinnen, gute Arbeit gleichgestellter Kollegen als die eigene ausgeben, zuvor natürlich Kommunikationswege kontrollieren, damit es nicht auffällt. Dann hatte er noch das Glück, den Platz seiner ehemaligen Vorgesetzten einzunehmen, als die wegen eines persönlichen Streits mit ihrem Vorgesetzten das Haus verlassen musste. Er war immer zur Stelle, wenn es etwas zu holen gab. Gnadenlos wäre er selbst über die Leiche seiner eigenen Großmutter gegangen, wenn er dafür nur einen Vorteil hätte erheischen können“, fuhr Schöffe fort. „Scheint ein netter Zeitgenosse gewesen zu sein“, bemerkte Carla. „Ob Sie es glauben oder nicht. Er konnte auch ein Netter sein, charmant und witzig, galant zur Damenwelt, etwas raubeiniger, aber stets versöhnlich, in Männergesellschaft. Sein Verhalten passte er der jeweiligen Situation an. Dazu kam sein stets korrekter, aber dennoch lässiger Stil, sich zu kleiden. Er wusste es einfach, sich stets in Szene zu setzen, war wendig wie ein Wiesel. „Wohl ein einziges Mal nicht wendig genug", dachte Carla bei sich selbst und hatte sofort wieder den zerschlagenen Kopf und sein auf merkwürdige Weise malträtiertes Geschlechtsteil vor Augen. Auch die Flasche des hochprozentigen Calvados in der ansprechend gestalteten Flasche kam ihr sofort wieder in den Sinn. Hatte der Mörder wirklich die Spitze seines Penis flambiert? Sehr makaber.

„Vielen Dank, dass Sie so schnell kommen konnten." In der Tat hatte die bekannte Wirtschaftsjournalistin Katja Schild ihren Artikel zu den letzten Entwicklungen im internationalen Investment Banking liegen gelassen, um Carlas Bitte nachzukommen, ihr als Zeugin für die Geschehnisse des Sonntagabend zur Verfügung zu stehen. Gemeinsam mit Trebitsch und anderen Gästen war sie zu dieser Zeit in Ole Schäfers Villa eingeladen. Den Samstag hatte Carla bereits recherchiert, konnte aber nichts ausmachen, was ihr in irgendeiner Weise einen Hinweis auf die Tat liefern konnte.

Weitaus interessanter erschien ihr wirklich der Sonntag, besonders die Abendstunden kurz vor dem grausamen Mord. Da war Trebitsch Gast im Hause des renommierten Event-Gastronoms Ole Schäfer – und dies in wahrhaft illustrer Runde. In die prachtvolle Jugendstilvilla am Wiesbadener Neroberg Einlass zu finden, war schon etwas ganz Besonderes, denn Schäfer machte sich ein persönliches Vergnügen daraus, nur einem erlesenen Gourmetkreis die Pforten seiner Villa zu öffnen. Schäfer war ein so großer Feinschmecker wie Selbstdarsteller und absolut stilsicher, was das Ausrichten von Partys und Dinners anbelangte. Wie kein anderer kombinierte er die Eleganz des Ambientes seines schönen Hauses mit ausgefeilten, aber schnörkellosen Menüs – begleitet von erlesenen Weinen. Alles passte, war kulinarisch köstlich und ansprechend kreiert. Ein Werbemensch hätte das Gesamtkonzept wohl mit „unaufdringlicher Eleganz" umschrieben. Geldadel, der einfach nur zahlt und nicht zu genießen weiß, war ihm verhasst. Vielmehr wollte er in seinen vier Wänden Wertschätzung für sein Tun verspüren.

„Gestern Abend gab es dort ein Stelldichein zwischen Politik und Wirtschaft", eröffnete Katja Schild ihren Bericht. „Geladen waren Ludwig Bondorf und Gattin Helga. Bondorf ist Vorstandssprecher einer großen Frankfurter Privatbank und international dicht vernetzt. Sein Vermögen ist von unschätzbarer Größe und er verkörpert die fast schon altmodisch anmutende Vorstellung des distinguierten Mannes von Welt. Man sagt ihm nach, er halte global so viele Fäden in der Hand, dass er Großes bewegen könne – was immer damit auch gemeint ist. Er ist ein enger Freund Ole Schäfers. Die beiden kennen sich schon seit Jahrzehnten und sind sich treue Begleiter auf ihren Lebenswegen. Seine Frau Helga ist die herausgeputzte Version des „Mutter Beimer-Typs", etwas kräftig, ohne dick zu sein, die Frisur ähnlich unaufdringlich wie die der Bundeskanzlerin, aber farbintensiver. Was sie charakterisiert, ist aber nicht ihr Aussehen, sondern die einzigartige Aura, die sie umgibt. Es ist die eines Menschen, der Gutes tut und den man sich in gar keinem anderen Umfeld als einem caritativen vorstellen kann. So ist sie das perfekte Pendant zu ihrem Mann, der in ihrer Begleitung nicht mehr ganz so wie ein frischgeschliffenes zweischneidiges

Schwert wirkt.“ Das Telefon klingelte, aber Carla hörte lieber gespannt zu. „Neben Andreas Trebitsch war auch sein Kollege, der bekannte Fondsmanager Wilbur Walden an diesem Abend bei Ole Schäfer zu Gast“, fuhr die Journalistin fort. „Walden ist wie ein Magier, wenn es um das Vermehren von Geld geht. Erst vor Kurzem habe ich einen Artikel über ihn geschrieben. Anlass war der Coup, den er durch einen gezielten Leerverkauf landete, und damit den größten internationalen Aktienfonds des Investmenthauses, für das er arbeitet, vor dem Zusammenbruch rettete. Die Finanzkrise und das Unvermögen der Fonds-Verantwortlichen hatten den Fonds durch hochprozentige Verluste an den Rande des Abgrunds geführt und so das Vermögen der Anleger aufs Äußerste gefährdet. Wie immer weiß keiner, wie Walden es macht, aber seine Investmententscheidungen sind Gold wert. Ein Magier!“ Katja Schilds Augen glänzten vor ehrlicher Bewunderung für dieses Talent. So hochprozentig die Verluste, so hochprozentig die Gewinne. Und das inmitten einer Krise, die die ganze Welt aufrüttelt. „Fast schon unheimlich“, dachte sich Carla. Aber ist nicht Kennzeichen der Magie, dass sie scheinbar mühelos, ohne großen Einsatz sehr schnell geschieht?

„Wer war noch da?“ Carla war jetzt angespitzt von den Erzählungen der Journalistin. Intuitiv spürte sie, dass in diesem Treffen der Schlüssel zur Aufklärung des Mordfalls lag. „Frank Hellberg. Er ist Staatssekretär im Bundesfinanzministerium und die rechte Hand des Finanzministers. Man sagt, er sei das Alter Ego des Ministers. Letzterer scheint ihm blind zu vertrauen. Nichts läuft ohne ihn, aber er agiert stets im Hintergrund und ist in der Öffentlichkeit nicht oft zu sehen. Schade eigentlich, denn der Typ ist ein echtes Schnittchen, wenn ich das mal unter uns Frauen so sagen darf. Er sieht blendend aus, ist groß, schlank, hat wunderschöne strahlend blaue Augen mit den längsten Wimpern, die ich je an einem Mann gesehen habe. Jede Frau würde ihn um sein dichtes schwarzes Haar beneiden, das immer perfekt gestylt ist. Überhaupt ist der ganze Typ bis in die Fingerspitzen gepflegt. Ein Mann gewordener Traum! Einige meiner Kolleginnen haben bereits ihr Glück bei ihm versucht, doch er scheint unverführbar. Nicht eine einzige Affäre wird ihm in der Finanzszene nachgesagt. In letzter Zeit hat er sichtbar abgenommen, aber das scheint der Stress zu sein, den die Finanzkrise mit sich bringt." Katja Schild war bei der Beschreibung von Hellberg richtig in Fahrt geraten und berichtete weiter. „Er wird zwar nicht oft gesehen, aber wo er auftaucht, sind wichtige Dinge im Gange und große Summen im Spiel."

„Dann war es wohl kein Zufall, dass Bondorf, Hellberg, Walden und Trebitsch an diesem Abend am schön gedeckten Tisch von Ole Schäfer zusammenkamen", sinnierte Carla. „Warum sind Walden und Trebitsch zusammen zum Dinner erschienen? Was verbindet sie? Walden ist, wie es aussieht, ein genialer Fondsmanager und Trebitsch Marketingchef – und noch dazu ein Emporkömmling und Aufschneider, wie jeder weiß. Und: Welche Rolle spielt Trebitsch in dieser Personenkonstellation?", fragte Carla die Journalistin. Sie hatte zu ihr Vertrauen gefasst, hielt sie für eine sehr gute Beobachterin und das Gespräch mit ihr fing an, ihr Spaß zu machen. Hatte man es doch nicht alle Tage mit solch interessanten Leuten zu tun. Und auf ihre Weise interessant waren in diesem Mordfall alle: angefangen beim Opfer, dann der talentierte Fondsmanager, der illustre Event-Gastronom, der verschlagene Finanzmagnat mit seiner bieder wirkenden Ehefrau und dann noch der gutaussehende Staatssekretär. „Trebitsch ist ein Mitläufer und Miststück. Bitte verzeihen Sie mir die offene Ausdrucksweise, aber meiner Meinung nach ist es überhaupt ein Wunder, dass ihn vorher noch niemand ermordet hat. Er ist in der ganzen Szene als Bad Boy bekannt und pflegt dieses Image auch. Schlimm wird es nur für diejenigen, die näher mit ihm zu tun haben und nicht in seine Linie passen. Die killt er – auf die ein oder andere Weise. Er hat schon Dutzende von Existenzen durch gezielt platzierte Intrigen erfolgreich vernichtet. Auch ein Talent. Er aber ist bisher immer davongekommen. Manch einer wähnte ihn sogar schon als Kandidaten für die Geschäftsleitung. Aber sein Glück hat ja nun doch ein jähes Ende gefunden. Glauben Sie mir, er war so schlecht, dass es selbst dem Teufel übel würde, wenn er ihn vor den Pforten seines Reiches sähe." „Na, diese Übung steht ihm ja jetzt bevor", entgegnete Carla. „Ja, das tut sie", sagte Katja Schild. „Aber Sie wollten ja wissen, wie ich seine Rolle bei dem Dinner bei Schäfer einschätze." „Wie schon angedeutet, Trebitsch sonnte sich gern im Glanz der wirklich Großen. Ich schätze, er hat sich freiwillig dazu bereit erklärt, Walden zu begleiten. Denn Walden ist etwas menschenscheu und würde freiwillig an einem Dinner in dieser Konstellation wohl kaum teilnehmen. Trebitsch sollte wohl aufpassen, was genau passiert und dass Walden nicht zu früh geht, weil ihm das Ganze auf die Nerven geht." „Klingt überzeugend. Und was war Ihre Rolle bei diesem Dinner?" „Das habe ich mich auch schon gefragt. Ich habe mich nicht darum gerissen, dort hinzugehen. Ich wurde angerufen und eingeladen, von Ole Schäfer persönlich. Er wolle mir mal etwas Gutes tun, weil ich mich in der Berichterstattung in diesen schweren Zeiten so hervortäte. Da ich nichts Besseres zu tun hatte, habe ich akzeptiert. Warum auch nicht?"

„Worüber wurde gesprochen?“ „Es ging eine ganze Zeit lang um Leerverkäufe und ihre Rolle im Zusammenhang mit der Finanzkrise.“ „Leerverkäufe? Was ist das eigentlich? Ich kenne das Wort nur aus der Presse, wenn es um Hedgefonds geht. Aber ich habe keine Ahnung, was sich dahinter verbirgt. Ich will noch bei Ole Schäfer am Neroberg vorbeischauen und die Gelegenheit nutzen, mir in dieser schönen Gegend vorher ein bisschen die Füße zu vertreten. Haben Sie nicht Lust, mich auf dem Spaziergang zu begleiten und mir dabei zu erklären, was Leerverkäufe sind? Wer sagt denn, dass man Zeugenaussagen immer hinter geschlossenen Türen entgegennehmen muss?“, sagte Carla mit einem unternehmungslustigen Blick in den Augen. „Gute Idee“, entgegnete die Journalistin. So fuhren sie über die Wilhelmstraße durch die Taunusstraße, am Kriegerdenkmal vorbei an den wunderschönen alten Villen des Nerotals mit ihren majestätischen Aufgängen und bogen schließlich in die Nerobergstraße ein. Die steil ansteigende Straße führte direkt zur Griechischen Kapelle, die mit ihrem mit Blattgold verziertem Dach im hellen Sonnenlicht noch erhabener erschien. Als die beiden Frauen an der Kirche ankamen, nahm gerade die „Termine“, die touristische Bimmelbahn Wiesbadens, die wissbegierigen Wiesbaden-Touristen wieder auf und setzte ihren Weg zu den Highlights der Stadt fort. „Wo ich gerade die Touristen sehe, lassen Sie mich Leerverkäufe an einem praktischen Beispiel aus der Tourismusbranche erklären. Also: Eine Aktie der Airline X kostet 100 Euro an der Börse. Die TUI besitzt 1.000 Anteilscheine und will eine zusätzliche Rendite mit diesen Aktien erwirtschaften. Zu diesem Zweck verleiht sie die 1.000 Aktien an einen Profi-Spekulanten, einen sogenannten Broker, und erteilt ihm das Verfügungsrecht über die Aktien. Dieser nimmt eine Gebühr von fünf Prozent, verkauft die Aktien sofort und legt einen Rückgabezeitpunkt fest. Seine Analyse der Aktienmärkte verleitet ihn zu der Spekulation, dass die Aktie innerhalb des vereinbarten Zeitraums um 50 Prozent sinkt, das heißt, der Broker setzt auf fallende Kurse an der Börse. Geht seine Rechnung auf, bedeutet das, dass er sie zum Rückgabezeitpunkt für 50.000 Euro zurückkauft. Verkauft hat er sie aber für 100.000 Euro. Das macht einen Gewinn für die TUI von 50.000 Euro minus der 5.000 Euro Brokergebühr. Das sind satte 45.000 Euro, für die man praktisch keinen Finger krumm gemacht hat. Geht die Rechnung allerdings nicht auf und die Kurse steigen bis zum vereinbarten Rückgabezeitpunkt, muss wiederum auch der gestiegene Aktienpreis bezahlt werden. Das ist in der Krise öfter passiert und hat Konkurse, ja sogar Selbstmorde von Anlegern nach sich gezogen. Dieses Finanzinstrument will beherrscht sein und bestraft jeden ganz grausam, der sich verspekuliert. Geht diese auf fallende Aktien setzende Wette aber auf, kommt dies einem Lottogewinn gleich. Ich hoffe, ich habe mich verständlich ausgedrückt." „Ja, das haben Sie. Vielen Dank für diesen Exkurs in ein Metier, in dem ich mich überhaupt nicht auskenne", sagte Carla mit anerkennender Miene. Sie waren nun vor dem Haus von Ole Schäfer angekommen und verabschiedeten sich freundlich voneinander. Carla war beeindruckt von Katja Schild, einer Frau, die sich ganz offensichtlich durch ihr Wissen und ihre unkomplizierte Art mühelos in der von Männern dominierten Finanzwelt durchsetzte.

Carla hatte schon viel von Ole Schäfer gehört, ihn aber noch nie persönlich kennengelernt, geschweige denn bei ihm gegessen. Als sich die schwere, mit Schmiedeeisen verzierte Tür seiner Villa öffnete, stand ihr ein weißhaariger älterer Herr unbestimmbaren Alters gegenüber. Er hatte eine extrem joviale Ausstrahlung und schien sich des Lebens zu erfreuen. Dieser erste Eindruck vertiefte sich im Gespräch. „Ja, ich freute mich sehr, meinen alten Freund Bondorf mal wieder zu sehen. Auch Helga schätze ich sehr – wegen ihrer Freundlichkeit und ihres ruhigenWesens. Ludwig liebt einfaches, aber gutes Essen. Deshalb gab es als Vorspeise kleine Rotbarben, die ich mit Alziari-Olivenöl aus Nizza und frischen mediterranen Kräutern mit etwas Neuilly Prat, Fleur de Sel und groben schwarzem Pfeffer in Folie serviert habe. Als Beilage duftendes Ratatouille und knuspriges Olivenbaguette. Dazu ein Bandol, natürlich ein Rosé, der nicht zu aufdringlich für den Menüstart ist."

„Und was gab es zum Hauptgang?" Carla hörte ihm gern zu und konnte nicht verhehlen, dass ihr jetzt schon das Wasser im Mund zusammenlief. Schäfer liebte sein Metier. Wahrscheinlich konnte man ihm deshalb so gut zuhören, wenn er vom Essen sprach. „Ich kredenzte den Herrschaften ein zartes Ochsenfilet in einer Pfeffersauce. Dazu für jeden Gast jeweils ein Schälchen Pfifferlinge und eines mit zarten grünen Böhnchen. Dazu ein Paulliac, Jahrgang 1975." Carla bekam nun endgültig Appetit, was sich zu einem nicht zu verhehlenden Hungergefühl steigerte, als Schäfer über das Dessert berichtete. „Zum Dessert gab es ebenfalls eine von Ludwigs Leibspeisen, eine Tarte flambée, ein einfacher saftiger Apfelkuchen mit sehr dünnem, krachigem Mürbeteigboden, flambiert mit einem hochprozentigen Calvados, den ich selbst aus der Normandie mitbringe. Mein Freund Jean stellt ihn selbst in seinem Keller her und gibt ihn nur an auserwählte Freunde weiter. Ich weiß, Sie sind im Dienst. Aber ich würde Ihnen dennoch gern eine kleine Kostprobe davon anbieten, damit Sie sich selbst ein Bild von diesem unvergleichlichen Geschmackserlebnis machen können.“ Carla hatte – und das konnte Schäfer nicht wissen – ein Faible für Hochprozentiges und konnte diesem Angebot nicht widerstehen. Schäfer holte die Flasche und Carla erkannte sofort die Form und das Etikett wieder. Eine Flasche dieser Marke – oder besser gesagt Nicht-Marke – lag direkt neben der Leiche von Trebitsch. Hatte man mit diesem edlen Gesöff seinen Penis flambiert? Carla verdrängte den naheliegenden Gedanken für kurze Zeit und spürte, wie diese feuchte Wohltat sanft ihre Zunge umspielte, eine Fruchtexplosion im Mund auslöste und langsam den Gaumen hinunterglitt. Schäfer hatte nicht übertrieben, eher untertrieben, als er den Calvados anpries. Er war wirklich ein Kenner guten Essens und Trinkens und ein Meister darin, beides in seinem stilvollen Haus zu zelebrieren. „Für einen Calvados ist er besonders hochprozentig, deshalb nehme ich ihn gern zum Flambieren. Da braucht man schon ein paar Umdrehungen“, erklärte er in seiner jovialen Art. Für Carla war nun klar, was vorher nur Intuition war: Der Schlüssel zur Aufklärung des Mordes an Trebitsch lag in der Begegnung von sieben Menschen, die sich hier am Sonntagabend zum Essen trafen. Trebitsch war vielen verhasst. Aber wer machte sich so die Finger schmutzig? Etwa der nette Gastronom, der den Calvados zum Penis flambieren extra aus der Normandie holt und das auch noch erzählt? Oder Wilbur Walden, der es satt hatte, dass man ihn wie ein kleines Kind beaufsichtigte, damit er zu einem Dinner ging, wo er doch lieber die Zeit für seine Analysen genutzt hätte? „Macht alles keinen Sinn“, sagte Carla zu sich selbst, verabschiedete sich von Ole Schäfer und fuhr zurück ins Büro. An diesem Abend hatte sie sich mit Guiseppe in einem französischen Bistro verabredet, das neu in der Goldgasse eröffnet hatte. Für Neukunden war heute das Dessert umsonst – eine Tarte flambée.

Ein paar Tage vergingen, ohne dass Carla nennenswerte Fortschritte in ihren Ermittlungen beschieden waren. Sie kam einfach nicht richtig voran. Keiner der Gäste in Ole Schäfers Haus hatte für den besagten Sonntagabend ein hieb- und stichfestes Alibi. Alle waren nach dem Dinner allein gewesen, außer der alte Bondorf, der mit seiner Frau unterwegs war. Aber das zählte nicht als Alibi. Heute sollte Carla Frank Hellberg kennenlernen. Er war in Asien auf einer Dienstreise gewesen und erst gestern zurückgekommen. Sie war gespannt darauf, ob er wirklich so gut aussah, wie Katja Schild ihn beschrieben hatte. In natura sah er fast noch besser aus, war nur ein wenig zu dünn für seine Größe. Aber die Journalistin erwähnte ja, dass er wahrscheinlich wegen Stress an Gewicht verloren habe. „Nehmen Sie bitte Platz", lud sie ihn ein. Seine edle Gestalt wirkte irgendwie deplatziert an dem kargen Besprechungstisch im Präsidium. Man hätte sich ihn besser in einem cool gestylten Büro oder in einer Loungebar vorstellen können. Sein Blick war offen und freundlich, seine Mimik und Gestik die eines geübten Kommunikationsmenschen, der zu wirken wusste. „Furchtbar, der Tod von Trebitsch. Wie kann man einen Menschen nur so grausam zurichten? Die Perversen dieser Welt sterben wohl nie aus. Gibt es schon erste Erkenntnisse in dieser Sache? Aber wahrscheinlich müssen Sie den Ermittlungsstand zunächst einmal für sich behalten", sagte er. Seine Stimme war erstaunlich weich für einen Mann. „Es gibt noch nichts Konkretes. So viel kann ich Ihnen unumwunden sagen", entgegnete Carla. „Hatten Sie schon einmal mit Trebitsch zu tun?", wollte sie wissen.

„Nein. Ich sah ihn an diesem Dinner-Abend zum ersten Mal. Eigentlich ein ganz sympathischer Mensch, wie ich finde. Er war sehr eloquent und ein angenehmer Gesprächspartner. Wir sprachen viel über die Finanzkrise, wie sie entstand und welche Rolle wohl Leerverkäufe und andere komplexe Finanzinstrumente dabei gespielt haben könnten. Das Essen von Ole Schäfer war wirklich toll, keine Nouvelle Cuisine, sondern einfach und elegant, irgendwie ursprünglich, aber auf hohem Niveau. Niemals zuvor habe ich ein zarteres Ochsenfilet gegessen. Es schmolz förmlich auf der Zunge. Der Fisch, der dem Fleisch voranging, duftete nach einem Kräutermeer, als man die Folie, in der er gedünstet war, öffnete. Und eine Tarte flambée ist auch erst eine Tarte flambée, wenn ein besonders hochprozentiger normannischer Calvados den Äpfeln seine feurige Krone aufsetzt. Ein Gläschen dieses köstlichen Calvados gab es dann auch als Digestif." „Ja, er ist wirklich sehr gut. Ich durfte auch schon einmal davon probieren", gab Carla zu. „Na, ich hoffe doch nicht während der Dienstzeit", flachste Hellberg in seiner charmanten Art. „Was haben Sie nach dem Dinner gemacht?" „Ich fuhr nach Hause zurück. Ich wohne in Kronberg, ganz in der Nähe des Schlosses und ging gleich schlafen. War doch etwas viel, die drei Gänge bei Schäfer mit den passenden Weinen. Ich schaute mir noch eine Kultursendung im Fernsehen an. Es ging um Francis Bacon, den eigenwilligen irischen Künstler, der unentwegt Päpste gemalt hat. Und homosexuelle Szenen." „Er war – soweit ich weiß, selbst homosexuell", gab Carla stolz zum Besten. Erst kürzlich hatte sie ein Sommerseminar in der Kunsthalle Schirn besucht und brach nun immer dann mit ihrem frisch erworbenen Wissen hervor, wenn sich die Gelegenheit ergab. Doch hier schien dies fehl am Platz gewesen zu sein. Hellbergs Miene verdunkelte sich für einen Moment und sie bemerkte ein leichtes Zucken um seine Mundwinkel. „Wenn Sie keine weiteren Fragen mehr haben, würde ich jetzt gern gehen. Mich erwartet nach der Reise noch jede Menge Arbeit. Es bleibt ja so viel liegen, wenn man unterwegs ist." Er hatte seine freundliche Mimik sehr schnell wieder gefunden und verabschiedete sich schnell. Carla blieb etwas verdutzt zurück und fragte sich, ob es wirklich so ein Fauxpas von ihr war, inmitten des Gespräches die Homosexualität Francis Bacons zu erwähnen? Aber dann schoss es ihr wie ein Blitz durch den Kopf. Frank Hellberg war selbst schwul. Alles passte: Schwule sind ja oft die bestaussehendsten Männer, sehr gepflegt, haben einen edlen Geschmack, sind intelligent und eloquent, ohne zu nerven. „Ertappt", dachte sie amüsiert und konnte sich nun auch erklären, warum keine der Bekannten von Katja Schild Erfolg mit ihren Verführungskünsten bei ihm hatte und ihm auch keine Affären nachgesagt wurden. Es gab einfach keine. Interessanter wäre zu wissen, wer sein Partner war beziehungsweise ob er überhaupt einen hatte.

Wieder vergingen ein paar Tage, ohne dass Carla vorankam. Sie hatte sich für heute Nachmittag nochmals mit Katja Schild verabredet. Mittlerweile verband die beiden Frauen so etwas wie ein freundschaftliches Band, ohne dass die Arbeit darunter litt. Sie kamen einfach gut miteinander klar. „Ich komme einfach nicht weiter", klagte Carla. „Ich drehe mich im Kreis und habe ständig das Gefühl, dass die Lösung ganz nahe liegt, quasi vor meinen Füßen wie die leere Calvadosflasche aus der Normandie neben dem Fuß von Andreas Trebitsch." „Ach, aus der Normandie kam der Hochprozentige", entgegnete die Journalistin. „Ich wusste zwar, dass die meisten Calvas, so kürzen die Franzosen liebevoll das Wort Calvados ab, dorther kommen, aber Ole Schäfer hatte es gar nicht erwähnt. Er sagte nur, dass er ganz besonders hochprozentig sei." „Ja, und mir gegenüber hat er es während des Gespräches in seinem Haus erwähnt." Wie so oft in letzter Zeit verbanden Carla und Katja ihre Gespräche mit einem Spaziergang durch Wiesbaden. Heute waren sie durch den Kurpark bis nach Sonnenberg gelaufen, nahmen eine kleine Erfrischung zu sich, um dann weiter bis nach Rambach zu laufen, wo sie in einer alt bekannten Apfelweinwirtschaft ihren Riesenhunger mit dem krossesten Brathuhn besänftigten, das man sich nur vorstellen konnte. „Hast du eigentlich schon herausgefunden, dass Trebitsch auch sehr gute Kontakte in der Stricherszene hatte?", fragte Katja fast beiläufig. „Was? Woher soll ich das wissen, wenn es mir niemand sagt? Ist er nicht mit einer wunderschönen jungen Frau verheiratet und hat ein Kind? Woher weißt du das?" „Ich habe einen Informanten in der Homosexuellen-Szene, der sich ab und zu mal einen knackigen Jungen nach Feierabend gönnt. Er hat Trebitsch gesehen. Vor circa einem Jahr. Und: Er sagt, er habe ein Geburtstagsgeschenk für jemanden bestellt, das heißt er muss gar nicht selber schwul sein, sondern hat für einen Dritten einen Stricher für eine „Geburtstagsdienstleistung" gebucht. Es kommt noch dicker: Der Stricher ist mittlerweile tot. AIDS. Er wurde plötzlich dünner und dünner, bekam Hautausschlag und schließlich Krebs. Kurz bevor er starb, hatte er noch ein Verfahren am Hals, weil er mindestens drei Freier angesteckt haben soll. Er hat die Krankheit bis zum Schluss verheimlicht, um weiter anschaffen gehen zu können. Mein Informant sagt außerdem, dass Trebitsch vor seiner Ehe mit einem reichen Töchterchen aus der

Gesellschaft öfter selbst in diesem Milieu unterwegs war. Und: Er war nicht allein unterwegs. Herauszufinden, wer der zweite im Bunde war, überlasse ich dir." Katja strahlte vor Stolz, Carla derartig wertvolle Hinweise gegeben haben zu können – so ganz nebenbei.

Jetzt ging alles blitzschnell. Carla stürzte förmlich zu der Calvadosflasche, die noch immer bei der Spurensicherung war. Sie schaute sich das von Ole Schäfers Freund Jean selbstgebastelte Etikett an und dachte sich eine List aus, mit der sie Frank Hellberg in die Enge treiben wollte. Die Flasche hatte dasselbe Etikett wie das auf der Flasche, aus der Ole Schäfer ihr ein Gläschen zum Verkosten angeboten hatte und Hellberg hatte in Ole Schäfers Haus die Gelegenheit, an solch eine Flasche zu kommen. Absolut dünnes Eis, aber sie verlor keine Zeit und suchte ihn in seinem Büro auf, konfrontierte ihn mit der Calvados-Geschichte und setzte noch einen Bluff darauf.

Sie wisse, dass er homosexuell sei und Kontakt zu Trebitsch hatte. Sie ahnte gar nicht, wie recht sie hatte mit ihrer Vermutung. Er wurde zornesrot und schrie plötzlich mit ungewohnt harter Stimme heraus: „Ja, ich habe das Schwein mit dem Kopf gegen die Mauer geschlagen. Immer wieder und wieder, bis der Schädel brach und sein Hirn an der Wand klebte. Wir kannten uns aus Kindertagen, sind zusammen aufgewachsen, waren immerschon unzertrennliche Freunde als Kinder, später dann ein Paar und hatten jede Menge Spaß. Eine unserer größten Freuden war es, jedes Jahr nach Paris zu fahren, wo wir uns mit anderen Gleichgesinnten zu wahren Genießertagen trafen. Kult war dabei, allabendlich in einem Gay-Restaurant zum Dessert Vanilleeisbällchen zu essen, die zu einem Phallus aufgeschichtet waren. Die Spitze des Vanilleeisberges war mit Früchten garniert, die mit einem leckeren hochprozentigem Calvados flambiert wurden. Ich weiß noch, das Dessert hieß Les pics flambées, auf Deutsch: flambierte Spitzen." Hellberg hielt einen Moment inne.

„Dann veränderte Andreas mir gegenüber sein Verhalten. Er fand es plötzlich besser, mit einer Frau verheiratet zu sein. Der verdammten Karriere wegen. Ich hatte all die Jahre kein Verständnis dafür, war beleidigt und gekränkt. Um mich endlich zu versöhnen, schenkte er mir zu meinem letzten Geburtstag eine Nummer mit einem wirklich knackigen Stricher. Er hatte AIDS, ich jetzt auch. Ich verliere zusehends an Gewicht und habe eine sehr schlechte Prognose. Das Schlimme dabei: Andreas wusste, dass der Junge infiziert war und legte noch etwas Geld darauf, damit ausgerechnet er zu mir kam. Er wollte mich aus dem Weg räumen, wie er es mit jedem anderen auch tat, der ihn auf Dauer störte. Nach dem Dinner folgte ich ihm, um zu versuchen, ihn zu einer Aussprache auf dem abgelegenen Parkplatz zu bewegen. Er willigte ein, verhöhnte mich aber im Verlauf des Gesprächs. Da rastete ich aus. Völlig! Die nicht ganz ausgetrunkene Calvadosflasche hatte ich tatsächlich aus Schäfers Villa mitgenommen. Er schmeckte so unglaublich gut und war nirgendwo käuflich zu erwerben. Ich steckte die Flasche kurz vor dem Aufbrechen einfach unter meinen weiten Mantel und wollte den edlen Topfen allein genießen."

Carla war sichtlich aufgewühlt von dem fast mühelos und schnell erhaltenen Geständnis und überlegte, was sie nun sagen sollte. So einfach hatte sie es sich nicht vorgestellt, das Geständnis zu bekommen. Doch Hellberg hatte von irgendetwas genug und sein Ausdruck schien immer befreiter, je mehr er redete. Er musste einfach reden. „Als ich Andreas an diesem Abend gegenüber saß und die Tarte flambée vor unseren Augen flambiert wurde, kamen mir die alten Zeiten in den Sinn, ich dachte an Paris, an die Unbeschwertheit und unser Lieblingsdessert. Als er tot vor mir lag, war es mir aber immer noch nicht genug“, fuhr er fort. „Wie von Sinnen – und das war ich – nahm ich den Bunsenbrenner aus dem Auto. Ich hatte ihn noch vom Samstagseinkauf dort liegen und ihn für das Brennen von Crême brulée gekauft. Ich riss ihm die Hose herunter, übergoß seinen Penis mit dem Calvados und setzte ihm mit dem Brenner seine feurige Krone auf. Mir tut nicht leid, was ich getan habe, auch wenn es eine irrsinnige Tat war. Glauben Sie mir. Ich bin kein schlechter Mensch. Aber dieses Schwein hatte es verdient. Er war ein Kretin geworden. Nichts mehr war ihm heilig. Und der Erfolg seiner Aktivitäten, so schlecht sie auch waren, gab ihm immer wieder recht“, schloß er sein Geständnis. „Ich muss Sie bitten, mit mir zu kommen. Sofort.“, sagte Carla. Doch Hellberg sah sie nur verständnislos an, lief zum Fenster, öffnete es und sprang aus dem sechsten Stock hinunter in die Tiefe. Er war sofort tot.

Carla hatte ihren Fall geklärt, war aber gar nicht glücklich mit dem Ausgang und hatte nun das dringende Bedürfnis, Katja davon zu berichten, aber die ging nicht ans Telefon. Und das hatte einen guten Grund: Sie war gerade damit beschäftigt, einen Hintergrundbericht über die Hammermeldung zu schreiben, die ihr gerade der seit Jahren getreue Informant brachte, der so gerne Stricher vernaschte: Wilbur Walden soll durch geschickte Leerverkäufe einen Milliardengewinn erzielt haben, der nun der maroden Staatskasse zugute kommen solle. Der Informant habe zudem erfahren, man habe Walden aus Kreisen des Finanzministeriums schon seit langem nicht direkt, aber dennoch unmissverständlich bedrängt, seine Fähigkeit des scheinbar mühelosen Geldvermehrens in der Krise auch dem Staat zugute kommen zu lassen. Am Mordabend bei Tisch sollte Walden nun durch ein Signal seine Entscheidung preisgeben, ob er dies nun endlich tun wolle oder nicht. Damit er nicht floh, sollte Trebitsch ihn zum Dinner begleiten und das Ganze überwachen. Walden wählte Pfifferlinge als Beilage zur Hauptspeise als Zeichen zum Einverständnis, der Regierung durch sein Talent zu helfen. Die Wahl für die Schale mit den zarten grünen Böhnchen hätte das unwiderrufliche Nein für das aus der Staatsnot geborene Unterfangen bedeutet.

Katjas Job war es nun, die Erfolgsmeldung in den Medien zu verbreiten, dass es der Regierung gelungen war, durch umsichtige Investitionen so erfolgreich gehandelt zu haben, dass sich kein Deutscher in der Krise Sorgen um seine Grundversorgung machen müsse. „Waren es nicht immer Einzelne, die mit ihren großen Taten die Welt bewegten?“, fragte sie sich selbst und freute sich auf den abendlichen Spaziergang mit Carla. Ob sie wohl inzwischen im Mordfall dieses unbeliebten Marketingmenschen weitergekommen war?

Farbenspiele

Von Florian Rohde

„Der Fall ist abgeschlossen“, sagte Kommissar Ellbruck zu seinem Assistenten Karl und schaute den Beamten nach, wie sie die Mörder in Handschellen aus dem Haus führten. „Lass uns gehen und den Rest des Sonntags genießen.“

Nun standen sie alleine im großen, herrschaftlichen Haus der Familie Wagner, in dem vor wenigen Stunden ein Mord geschehen war. „Hast du Lust auf ein Bier?“, fragte Ellbruck. „Komm, ich lade dich ein, der Tag ist sowieso gelaufen.“

Sie gingen nach draußen. Es hatte zwar aufgehört zu regnen, aber es war immer noch genauso trostlos wie am Morgen, als er beim Frühstück saß und genüsslich die Zeitung las, bevor das Telefon klingelte. Ein Mordfall wurde gemeldet, in der Nerobergstraße. Zugegeben, das war schon kurz vor drei Uhr am Nachmittag, aber die vorhergehende Nacht war auch ganz schön lang gewesen. Und viel getrunken hatte er auch. Kein Wunder, dass ihn Kopfschmerzen plagten.

Der Gedanke, jetzt in seine kleine Wohnung im Westend zurückzukommen, den halb abgefressenen Frühstückstisch zu sehen, auf dem die Butter schon wegfloß und die Wurst sich wellte, stimmte Ellbruck nicht gerade fröhlicher. Genaugenommen wollte er nicht nach Hause. Außerdem hatte er mit seinem Assistenten noch nie privat ein Bier getrunken, das war doch die Gelegenheit. „Na, was meinst du? Sollen wir noch in der Nerostraße vorbeischauen?“, fragte Ellbruck. „Wir können das Auto hier stehen lassen, ein kleiner Spaziergang tut uns sicherlich gut!“

„Ich weiß nicht, vielleicht ein kleines Bier“, zögerte Karl für einen kurzen Moment. „Na gut, ich kenne da eine nette kleine Bar, die machen dort Cocktails, wenn du Cocktails magst.“

Ellbruck wollte gerade antworten, dass er gestern Abend schon zu viel hatte und dass es nicht zur Gewohnheit werden durfte, als sein Telefon klingelte. Umständlich versuchte er das Handy aus der Innentasche seines olivefarbenen Anoraks zu fingern. „Wer kann das nur wieder sein?“, dachte Ellbruck. „Wenn er sich ungeschickt anstellt, wird der Anrufer vielleicht die Geduld verlieren und auflegen und wir könnten endlich losgehen zum wohlverdienten Feierabendbier.“

Aber der altmodische Klingelton, den Ellbruck eingestellt hatte, bimmelte weiter und weiter. Also blieb ihm nichts anderes übrig, als das Handy aus der Tasche zu ziehen und den Anruf entgegenzunehmen.

„Ellbruck“, schnauzte er lauter und unfreundlicher als gewollt ins Telefon.

„Notrufzentrale, Herr Kommissar“, meldete sich eine freundliche Frauenstimme.

„Miriam? Bist du es? Du sollst mich doch nicht auf dem Diensthandy anrufen“, flüsterte Ellbruck ins Telefon und drehte sich etwas von seinem Assistenten weg, damit der nicht alles mitbekam, was er mit Miriam zu tuscheln hatte.

Ellbruck war gestern auf der Dienststelle gewesen, als ihm Miriam über den Weg lief, die gerade ihren Dienst beendet hatte. Da sie den gleichen Nachhauseweg hatten, kamen sie ins Gespräch. Und da keiner von beiden zu Hause erwartet wurde, gingen sie noch in der Nähe vom Blücherplatz in ein kleines Weinlokal und amüsierten sich prächtig und lang. Das war auch der Grund, warum er so spät aus den Federn kam.

„Kann ich dich nicht heute Abend anrufen, oder lass uns doch wieder dort treffen, wo wir gestern waren, gegen neun Uhr?“, nuschelte Ellbruck möglichst unverständlich, damit Karl, der penetrant an seiner Seite stehenblieb, keinen Verdacht schöpfte.

„Gerne“, sagte Miriam, „wenn du bis dahin den Mord aufgeklärt hast!“

„Locker bleiben“, frohlockte Ellbruck siegessicher, „ist schon erledigt!“

„Na gut, dann beeil dich mal. Es wurde ein Toter auf seinem Zimmer im Hotel am Kochbrunnen in der Taunusstraße gemeldet“, entgegnete Miriam gutgelaunt. „Die Empfangsdame hat vor zwei Minuten angerufen und da ich wusste, dass du in der Nähe bist, dachte ich mir, dass es dir nichts ausmachen wird, dort mal kurz vorbeizuschauen, die Personalien, Spuren und was dir sonst noch so einfällt aufzunehmen und den Täter zu überführen. Ich sehe dich dann um neun. Viel Erfolg!“ Miriam legte auf.

„Was ist?“, fragte Karl seinen Chef.

„Wir müssen in die Taunusstraße. Ein Toter auf einem Hotelzimmer“, antwortete er etwas barsch und schaute gleichzeitig auf die Uhr. „Jetzt ist es kurz vor halb sechs“, murmelte Ellbruck vor sich hin, „das reicht noch, um sich ein umfassendes Bild am Tatort zu machen, ein Bier mit meinem Assistenten zu trinken und sich dann mit Miriam zu treffen.“

Sie ließen das Auto stehen. Der Fußweg durchs Nerotal und die frische Luft waren eine Wohltat. Die Sonne kämpfte sich durch die grauen Wolken und erhellte den Rest des Tages, wenn schon nicht ihre Stimmung. Ellbruck und Karl liefen schweigend nebeneinander her, bis sie das Hotel erreicht hatten. Das kleine unscheinbare Drei-Sterne-Hotel lag im vorderen Teil der Taunusstraße, gleich in der Nähe vom Kranzplatz. Am Empfang saß eine verstört wirkende, ältere Dame. Die rotblonden, gewellten Haare waren leicht zerzaust. Als sie Kommissar Ellbruck und Karl durch die Eingangstür kommen sah, strich sie sich sofort eine wirr herunterhängende Strähne aus dem Gesicht und zupfte ihr dunkelrotes Kostüm zurecht.

„Guten Abend“, begrüßte sie die Rezeptionistin. „Sind Sie der Kommissar?“.

„Mein Name ist Ellbruck“, entgegnete der Kommissar und streckte ihr seinen zerfledderten Dienstausweis entgegen. „Sie haben einen Mord gemeldet?“

„Ja! – Nein, nicht richtig, ich habe nur angerufen, weil ich dachte, vielleicht wäre es ...“, stotterte die Rezeptionistin.

„Haben Sie nun einen Toten in Ihrem Hotel?“, fragte Ellbruck schon etwas gereizt. Ellbruck merkte, wie er unwirsch wurde und sich beherrschen musste, nicht loszubrüllen.

„Schon, zumindest haben das die zwei Streifenpolizisten gesagt, die ...“, antwortete die Frau verunsichert und steckte sich nervös die wieder ins Gesicht gefallene Strähne hinters Ohr.

„Was für zwei Polizisten?“, fragte Ellbruck irritiert.

„Naja, Polizisten halt, in grünen Uniformen und so“. Die Rezeptionistin sprach immer leiser, sodass Ellbruck unwillkürlich einen Schritt näher kommen musste und schon halb über der Theke lag, hinter der sich die Frau immer mehr verkroch.

Ellbruck gab sich einen Ruck und zwang sich, ganz bedächtig und ruhig mit der Frau zu sprechen: „Erzählen Sie mir bitte der Reihe nach was passiert ist!“

„Also, vor ungefähr zehn Minuten stürmten hier zwei Polizisten herein“, fing die Frau an zu berichten, „... und meinten, sie hätten einen Notfall gemeldet bekommen. Ein Herr Scheibner hätte per Handy angerufen und würde sich bedroht fühlen und ...“

„Und weiter, was war dann?“, fragte Ellbruck ungeduldig.

„Ich gab ihnen die Zimmernummer von Herrn Scheibner. – Nr. 16 in der ersten Etage“, erwiderte die Rezeptionistin.

„Komm Karl, lass uns hochgehen“, sagte Kommissar Ellbruck zu seinem Assistenten gewandt, „und Sie Frau ...“

„Frau Roth“, ergänzte die Rezeptionistin.

„Und Sie Frau Roth“, fuhr Ellbruck fort und nahm sich ein Bonbon aus der großen Schale, die auf den Tresen stand, „... machen uns eine Liste aller Gäste und der Zimmerbelegung, schreiben uns auf, wer wann heute ein- und ausgegangen ist und geben uns noch eine Skizze vom Hotel, aus der wir ersehen können, wo welches Zimmer liegt.“

Kommissar Ellbruck und Karl zwängten sich an der Rezeption vorbei in den plüschigen, nostalgischen, in rot gehaltenen, angrenzenden Flur. „Frau Roth passt exzellent hier rein“, dachte Ellbruck und steckte sich das Bonbon in den Mund und das grüne Bonbonpapier in die Anoraktasche. „Bah, Apfelgeschmack!“ Er war auf alles gefasst, nur nicht darauf.

Als sie außer Hörweite waren, schlug Ellbruck vor: „Wir schauen uns kurz den Toten an. Dort treffen wir sicherlich auch die zwei Polizisten. Du kümmerst dich dann zusammen mit den beiden um die Sicherung des Tatorts und ich gucke mich im Hotel um und befrage Personal und Gäste. Rufe vorher noch die Spurensicherung an, dass sie sofort kommen soll. Falls du sonst jemanden triffst, frage, ob sie Geräusche, Schreie oder Ähnliches gehört haben, oder ob sie etwas Verdächtiges bemerkt haben. Ich werde mir von Frau Roth noch mal erzählen lassen, was sie meint, gesehen oder gehört zu haben. Wir treffen uns dann in der Cocktailbar in der Nerostraße." Karl nickte nur kurz zur Bestätigung. Sie gingen auf die Treppe zu, die nach oben in den ersten Stock führte. Karl zückte bereits sein Handy, um die Kollegen von der Spurensicherung anzufordern.

Eine knappe Stunde später traf Ellbruck alleine in der Bar ein. Als er das Hotel verließ, hatte er Karl noch mit Gästen reden sehen und ihm signalisiert, dass er schon vorgehen würde. Die Spurensuche war auch eingetroffen und der Tote wurde bereits abtransportiert. Ellbruck war froh, endlich alleine zu sein und nachdenken zu können.

„Ich habe noch zwei Stunden, bis ich Miriam treffen werde. Das heißt, Karl und ich haben noch über eine Stunde für unser Feierabendbier", sinnierte Ellbruck und musterte die Bar. Es war mehr eine Lounge. Im hinteren Teil des Raumes befand sich die langgestreckte Theke. Im vorderen Bereich, in dem Ellbruck stehengeblieben war, standen Sitzgruppen mit flachen Tischen. Die gemütlichen Sofas luden zum Fläzen ein. An den Wänden hingen Poster und Plakate meist von aktuellen und älteren Konzertveranstaltungen aus der Region. Groovige Musik dröhnte ihm entgegen. Der Barkeeper, ein großgewachsener junger Mann mit kurzen, schwarzen Haaren stand hinter der Theke und polierte Gläser. Als er Ellbruck bemerkte, legte er das Geschirrtuch zur Seite und drehte die Musik etwas leiser. „Ich habe noch nicht mit Gästen gerechnet", rief er Ellbruck zu. „Setz dich schon mal, ich komme gleich zu dir."

Der Kommissar fühlte sich geschmeichelt. Er liebte die jugendlichen Läden, in denen sogar er noch geduzt wurde.

Das ließ ihn vergessen, dass er doch nicht mehr der jüngste war.

„Okay“, rief Ellbruck bemüht lässig, „lass dir Zeit, ich hab’s nicht eilig!“ Er steuerte auf eines der braunen Sofas zu, zog seinen Anorak aus, und lümmelte sich gemütlich in die vielen weichen Kissen.

Natürlich konnte er nicht vollkommen abschalten, er musste an den Mordfall denken. Aus seiner Anoraktasche zog er seinen Notizblock und den Bleistiftstummel, den er immer bei sich hatte, heraus. Das Bonbonpapier, das er vorhin achtlos in die Anoraktasche gestopft hatte, fiel ihm aus der Tasche und unwillkürlich spürte er wieder diesen künstlichen Apfelgeschmack im Mund. Es wurde Zeit, dass er etwas zu trinken bekam. „Kannst du mir nicht doch gleich ein Bier bringen?“, rief er dem jungen Mann mit der schwarzen Wickelschürze zu.

„Ja gut, kommt sofort. Übrigens, ich heiße Alex“, antwortete der Barkeeper.

„Joachim Scheibner, Deutscher, wohnhaft in Luxemburg, erstochen mit neun Stichen in Bauch und Brust, Tatwaffe ein normales Küchenmesser, Stammgast im Hotel, kommt alle paar Monate immer am Wochenende für ein, zwei Nächte nach Wiesbaden, um Vertreter der Landesregierung zu treffen, hat meistens wenig Gepäck dabei, sehr spendabel, gibt immer hohes Trinkgeld“, las Ellbruck die Notizen, die er in der letzten Stunde in sein Büchlein geschrieben hatte.

„Hier dein Bier, du scheinst es nötig zu haben!“ Ellbruck schreckte auf, als Alex, der Barkeeper plötzlich neben ihm stand und das Bier auf den Tisch stellte. „Ja, ich habe auch eine mordsmäßige Laune“, sagte Ellbruck, nahm das Bier, stürzte es mit einem Schluck herunter und freute sich über seine doppeldeutige Antwort.

Was hatte er noch notiert? Zum Zeitpunkt des Mordes hatten sich nur sechs Personen im Hotel aufgehalten.

Frau Roth, die Rezeptionistin und Eigentümerin des Hotels, wie er später herausgefunden hatte, war seit heute Morgen anwesend.

Ein älteres Ehepaar aus Bochum besuchte dieses Wochenende seine Tochter, die seit zwei Jahren in Wiesbaden arbeitete und wohnte. Sie waren ungefähr um siebzehn Uhr von einem Spaziergang durch den Kurpark wieder im Hotel angekommen. Sie wollten sich gerade etwas ausruhen, bevor sie dann am Abend im großen Haus des Staatstheaters eine Operette anschauen wollten. Die kleine rundliche Frau hatte ihm sogar die Eintrittskarten gezeigt. Ellbruck konnte aber nicht erkennen, um welches Stück es sich handelte, so sehr hatte die Frau damit herumgewedelt. „Auch wenn ich es hätte lesen können, wahrscheinlich hätte es mir nichts gesagt“, grübelte Ellbruck. Er schaute weiter durch seine Aufzeichnungen. Der Mann der rundlichen Frau passte zu ihr, er war genauso groß und fast noch rundlicher als sie. Beide waren extrem farblos, beigegrau gekleidet. „Ich würde gerne wissen, wie die Tochter aussieht“, schmunzelte Ellbruck. Zu dem Mann hatte er sich nichts aufgeschrieben. „Es hatte auch die ganze Zeit nur die Frau geredet. Ist das immer so bei älteren Ehepaaren?“, fragte sich Ellbruck und hoffte insgeheim, dass er nie so werden würde.

Herr und Frau Schmidt aus Bochum bewohnten Zimmer Nummer 15 direkt neben dem Tatzimmer. „Komisch ist, dass beide nichts gehört haben. Wenn der Tote sich bedroht fühlte, noch telefonieren konnte, bevor der Mörder die Tür gewaltsam öffnete, dann musste es doch zu einem Kampf gekommen sein“, grübelte der Kommissar.

Fünf weitere Zimmer von insgesamt 19 Zimmern waren an dem Tag belegt. In Zimmer Nummer 21 im zweiten Stock wohnte Herr Meiser aus Berlin. Herr Meiser war ganz in schwarz gekleidet, als er dem Kommissar die Zimmertür öffnete. Er erzählte, dass er am Vormittag mit der Bahn aus Berlin gekommen war, dann den Bus zum Hotel genommen hatte und eingecheckt hatte. Er wollte heute einem Freund, der viel zu früh gestorben war, auf dem Nordfriedhof einen Besuch abstatten. Das habe er dann auch gemacht. Er sei zu Fuß zum Friedhof gelaufen, habe das Grab besucht und sei danach noch etwas ziellos herumgeirrt und erst vor fünf Minuten wieder zum Hotel zurückgekommen. Die Rezeption sei nicht besetzt gewesen, aber zum Glück hatte er vergessen, den Schlüssel abzugeben, als er aus dem Haus gegangen war. So brauchte er nicht klingeln oder selbst den Schlüssel aus dem Fach zu nehmen. Er wollte gerade unter die Dusche gehen, als der Kommissar an die Tür klopfte. Herr Meiser wollte auch nichts gesehen oder gehört haben.

Frau Roth meinte, sie hätte Herrn Meiser nicht gehen und nicht kommen sehen, außerdem war der Zimmerschlüssel nicht abgegeben worden und das Schild ‚Bitte nicht stören’ hing den ganzen Tag an der Tür. Das Zimmermädchen hatte ihr das am frühen Nachmittag erzählt, als sie gehen wollte.

Ein weiteres Zimmer war von einem Russen belegt, der die ganze Woche geschäftlich in Wiesbaden war und heute ins Kasino wollte. Auf Ellbruck machte er einen sehr wohlhabenden, neureichen Eindruck, jemand, der gerne zeigte, dass er Geld hatte. Zumindest deutete das übertriebene Spielen mit dem klobigen Goldkettchen und den dicken

Siegelringen daraufhin. Ellbruck hatte kein Wort verstanden, als er versuchte, sich mit ihm zu unterhalten. Der Mann, ein Herr Moltowich oder so ähnlich, sprach nur Russisch oder wollte nur Russisch sprechen.

Fünf Gäste waren heute morgen nach dem Frühstück abgereist. Drei weitere Zimmer waren für heute gebucht worden, die Gäste waren aber bis eben, als Ellbruck das Hotel verließ, noch nicht eingetroffen.

Vom Personal war nur Frau Roth zu der Mordzeit anwesend. Das Zimmermädchen, das morgens die Zimmer saubergemacht hatte und das Frühstückspersonal waren am frühen Nachmittag gegangen. Das Abendpersonal traf ein, als sie gerade anfingen, die Untersuchungen aufzunehmen.

„Wenn ich davon ausgehe, dass Frau Roth zumindest den Mörder beim Rein- oder Rauskommen gesehen hat, muss einer der Anwesenden der Mörder sein“, sprach Ellbruck leise vor sich hin und schaute noch mal auf seine Liste. „Die beiden Herren Meiser und Moltowich sind sehr verdächtig.“ Seine Gedanken kreisten weiter um den Mordfall, als er sich umschaute, um ein großes Blatt Papier oder Ähnliches zu finden. Sein Blick blieb auf einem Plakat an der Wand hinter ihm hängen: „Willy de Ville, 15. Juli 2009, 20 Uhr, Schlachthof Wiesbaden“, las Ellbruck leise. „Hat es ihn nicht auch viel zu früh erwischt?“ Er versuchte sich zu erinnern, was er erst kürzlich über den Tod von Willy de Ville gelesen hatte.

Er nahm das Plakat von der Wand, legte es mit der Oberseite nach unten auf den Tisch und fing an, mit seinem Bleistiftstummel auf die weiße Rückseite des Plakats die Umrisse vom Hotel zu zeichnen. Vorne an der Kante malte er die Taunusstraße mit dem Hoteleingang und der Front des syrisch-libanesischen Restaurants, das sich im gleichen

Gebäude befand. Ellbruck war gerade dabei, den schmalen langen Eingang mit der Theke einzuzeichnen, als er aufschaute und in Richtung Bar rief, wo er den Barkeeper vermutete: „Alex, ich brauche etwas Rotes, irgendetwas!"

„Süß, oder scharf?", rief Alex zurück, der gerade die polierten Gläser in die Schränke räumte.

„Süß passt besser zu Frau Roth. Hatte sie nicht auch einen süßlichen Duft an sich? Diese Sorte Parfum, die ich nicht mag", überlegte der Kommissar und schnupperte unwillkürlich, um sich den Duft wieder hervorzurufen.

„Süß", rief er zurück und malte bereits weiter.

Alex nahm eine langstielige Glasschale aus dem Regal, tauchte den Glasrand zuerst in eine vorbereitete Schale mit Zitronensaft und dann in eine zweite mit Zucker. Mit einem kleinen scharfen Messer entfernte er die grünen Stielansätze von den glänzenden roten Erdbeeren, die er einzeln in den Mixer warf. Mit geübten Handbewegungen folgten zwei Schuss Tequila, ein Schuss Cointreau und ein paar Zitronenspritzer. Als Ellbruck das kreischende Geräusch des Mixers hörte, schaute er auf, um zu sehen, was er nun bekommen würde. Alex fuchtelte jetzt mit seinem Messer herum und ritzte eine Erdbeere an. Von dem gestoßenen Eis, das in einem Kühler auf seine Verwendung wartete, nahm er eine kleine Schippe, gab es in den Mixer dazu und ließ alles noch ein paar Sekunden weiterlaufen. Alex lächelte dem Kommissar kurz zu, als er die sämige, rote Flüssigkeit in das Glas goss und die angeritzte Erdbeere auf den gezuckerten Rand steckte.

„Etwas Rotes, ein Strawberry Margarita", sagte Alex zufrieden und stellte Ellbruck das Glas zusammen mit einer Schale Erdnüsse auf den flachen Tisch, den Ellbruck als Zeichenbrett missbrauchte.

Ellbruck versuchte das Glas in die Lücke zwischen der gezeichneten Hoteltheke und der Rückwand, die durch die Getränkekarte begrenzt war, zu stellen.

„Zu breit!“, stellte Ellbruck fest, nahm das Glas in die linke Hand, die aufgesteckte Erdbeere in die rechte. Er biss die Frucht genüsslich vom Stile ab, bevor er einen großen Schluck nahm. „Das ist gefährlich“, dachte er, stopfte sich eine Handvoll Erdnüsse in den Mund, schluckte sie fast unzerkaut runter und trank das Glas aus.

„Alex, hast du auch etwas Rotes in einem schmalen Glas?“, rief Ellbruck in den Raum. „Na klar, ich bringe dir einen Campari Soda“, antwortete der Barkeeper quer durch die Bar, in der der Kommissar immer noch der einzige Gast war.

„Wo bleibt denn nur Karl?“, wunderte sich Ellbruck und schielte auf die Uhr. „Noch ist genug Zeit, für meine Verabredung mit Miriam“, stellte er zufrieden fest.

Er zeichnete kräftig weiter, zuerst den hinteren Hotelbereich mit dem Flur und dem Frühstücksraum, dann die Zimmer im ersten und zweiten Stock. Er überlegte, was er noch brauchen könnte: „Ich benötige etwas für das rundliche, farblose Bochumer Ehepaar, etwas Schwarzes, Schmales für den Mann mit der Leichenbittermiene, etwas Russisches sowie etwas Totes.“

Ellbruck schreckte hoch als Alex ihm ein schmales, schlankes Glas mit einer roten Flüssigkeit und Strohhalm reichte und das leere Glas abräumte. Ellbruck sah sich das neue Glas an. „Das passt, obwohl Frau Roth so schmal nun auch wieder nicht ist“, murmelte er laut vor sich hin.

Ellbruck verwickelte Alex in ein Gespräch, vielmehr wurde es ein Dialog, bei dem der Kommissar die Ereignisse des Abends schilderte und Alex geduldig zuhörte. Dann gab Ellbruck seine sonderbare Bestellung auf, die er sich vorher überlegt hatte. „Das ist aber nicht alles für dich?“, wollte Alex besorgt wissen. Ellbruck schüttelte energisch den Kopf und sagte sehr betont: „Nein, ich erwarte noch jemanden.“

Alex und der Kommissar machten sich beide wieder an die Arbeit. Der Barkeeper bereitete alles für die große Bestellung vor. Ellbruck schaute sich noch mal seine Notizen an und überlegte sich schon, wo er die einzelnen personifizierten Drinks auf seiner Zeichnung platzieren musste.

Alex nahm einen silbernen Shaker in die Hand, warf kunstvoll einige Eiswürfel nach oben und fing sie mit lautem Geknalle mit dem Shaker auf. Dann goss er nacheinander großzügig weißen Rum, Sahne und Kokosnusscrème hinein und schüttelte alles theatralisch und geräuschvoll. In zwei formschöne, kugelige Gläser gab er jeweils drei Eiswürfel und seihte den Shakerinhalt in die Gläser. Die Cocktails verzierte er mit Ananasstücken und die wiederum mit einem rosa und einem blauen Schirmchen. Alles zusammen steckte er auf den Glasrand, nahm noch farbig passende Strohhalme und stellte alles auf ein Tablett, das oben auf der Theke bereit stand.

Als Ellbruck interessiert zur Bar schaute, und die kleinen farbigen Schirmchen sah, freute er sich. „Sehr aufmerksam“, murmelte der Kommissar. „Da hat er aber sehr gut zugehört, er hat für die beiden Bochumer an eine farblich geschlechtliche Trennung gedacht.“

Ein kühler Windzug riss Ellbruck aus seinen Gedanken. Ein junges Pärchen kam herein und schaute sich um. Sie diskutierten unschlüssig, wo sie sich hinsetzen sollten. Er wollte an die Bar, sie wollte lieber an dem kleinen Tisch am Fenster sitzen. Sie hatten sich immer noch nicht entschieden, als die Tür ein zweites Mal aufging und Karl abgehetzt in die Bar stürzte, sich an dem Pärchen vorbei schob und zielstrebig auf Ellbruck zuhielt. „Jetzt brauche ich erstmal was Richtiges! Alex, mach uns mal zwei Caipirinha!", rief Karl Alex zu. „Aha, man kennt sich", dachte Ellbruck und begrüßte Karl mit einem Kopfnicken.

„Das war vielleicht eine Sauerei, der schöne hochflorige Teppich über und über mit Blut getränkt", sagte Karl und setzte sich neben seinen Chef. „Es hat leider etwas länger gedauert. Ich habe mir den Fall von den zwei Polizisten schildern lassen, wie sie die Leiche direkt hinter der Tür gefunden haben. Die waren ganz schön geschockt, so etwas Brutales, meinten sie, hätten sie auch noch nie gesehen. Ich habe die beiden dann nach Hause geschickt, da sie schon seit heute Morgen um sechs Uhr im Einsatz waren. Als die Kollegen von der Spurensicherung eingetroffen sind, habe ich sie noch eingewiesen, bevor ich rüberkommen konnte. Hast du schon was rausgefunden? Wie ich sehe, versuchst du, den Fall zu rekonstruieren."

„Ja, aber mir fehlen noch die Requisiten", antwortete Ellbruck. In dem Moment stand Alex mit dem Tablett voll mit unterschiedlichsten Gläsern vor ihnen.

„So die Herren, wo darf ich die Sachen hinstellen?", fragte Alex.

Ellbruck schaute sich zufrieden die Köstlichkeiten auf dem Tablett an. „Die Pina Coladas stellst du bitte in dieses Zimmer", und zeigte auf den aufgezeichneten Raum, in den er groß die Nummer 15 eingetragen hatte. „Der bittere, schwarze da", und zeigte auf das kleine schmale Glas mit Ramazotti, „kommt in Zimmer 21". Den Wodka auf Eis, den Alex in ein Wasserglas gefüllt hatte, ließ er daneben ins Zimmer 23 stellen.

„Ich habe euch noch einen etwas abgewandelten Black Death gemacht. Ich dachte, der könnte für einen Erstochenen gut passen.“ Alex stellte ein breites Glas mit einer tiefschwarzen Flüssigkeit, in der neun knallrote Cocktailkirschen schwammen, auf den Tisch.

Der Kommissar und sein Assistent schoben die Gläser auf dem Plan hin und her, diskutierten heftig, wer wann wo gewesen sein könnte, schrieben Uhrzeiten auf und nahmen ab und zu einen Schluck aus den Gläsern.

Alex machte sich hinter der Theke an verschiedenen Drinks zu schaffen, jonglierte mit Limetten, rollte sie mit leichtem Druck auf der Theke hin und her, um mehr Saft aus ihnen pressen zu können, schnitt die Kappen ab, die oft bitter schmeckten, und teilte erst jede Limette in der Mitte, um dann jede Hälfte noch mal zu vierteln. Die Limettenstücke verteilte er auf feste, grobe Gläser, streute ordentlich Rohrzucker darüber und zerstampfte alles mit einem Holzstößel. Die Gläser füllte er mit fein zerkleinertem Eis auf, gab einen guten Schuss Lime Juice drauf und goss beide Gläser mit Cachaça bis zum Rand voll.

Alex stellte neben die zwei Caipirinhas noch eine Flasche mexikanisches Bier mit einem Zitronenschnitz, der im Flaschenhals steckte, und ein Glas Cola aufs Tablett, kam flotten Schrittes hinter seiner Theke hervor und servierte erst dem Pärchen, das sich die ganze Zeit über verliebt in die Augen schaute, wenig erzählte und Händchen hielt, das Bier und die Cola, bevor er zu Ellbruck und Karl an den Tisch trat.

„Na endlich“, sagte Karl ungeduldig und riss Alex fast das eine Glas aus der Hand, rührte kurz mit dem kleinen schwarzen Strohhalm um, prostete Ellbruck zu, der gar nicht so schnell sein Glas nehmen konnte, und hatte schon die Hälfte des Drinks hinuntergestürzt, als der Kommissar ihn am Arm fasste und rief: „Halt nicht alles, wir brauchen die grünen Drinks für unsere zwei Polizisten, schließlich waren sie auch kurz vor uns am Tatort."

Karl nippte noch mal kurz, stellte dann aber das Glas ab. Ellbruck nahm von dem zweiten Glas einen kräftigen Schluck, bevor sie weiter wild diskutierten und nun auch die zwei Caipirinhagläser auf der Zeichnung von der Rezeption zum Tatort, zurück zum Campari Soda und wieder ins Zimmer im ersten Stock bewegten. Der Wodka, die Pina Coladas und der Ramazotti wurde von den beiden in der Hoffnung, über die Rekonstruktion, wo sich wer zur Tatzeit aufgehalten hat, irgendeinen Schluss auf den Hergang zu ziehen, über das bemalte Poster geschoben. Bei jeder Bewegung leerten sich allmählich die Gläser.

Als nur noch leere Gläser auf dem Tisch standen, lehnten sich sowohl Karl als auch der Kommissar deprimiert und mit verfinsterter Miene in den weichen Kissen zurück.

„Ich glaube, so kommen wir nicht weiter", sagte Ellbruck schon leicht lallend. „Die Herren Wodka und Ramazotti sind äußerst suspekt und haben kein Alibi, die Pina Coladas aus Bochum scheinen total harmlos, müssten aber was mitbekommen haben. Die Caipirinhas kamen zu spät und Frau Campari war angeblich immer an der Rezeption, was aber nicht von den anderen bestätigt wurde. Es ist vielleicht doch jemand anderes der Mörder gewesen. Jemand, den wir noch nicht kennen."

„Das Motiv kennen wir auch nicht", nuschelte Karl, der Mühe hatte, sich klar zu artikulieren. „Außer dem Notizbuch, das wir in einer eingenähten Manteltasche des Black Death gefunden haben und in dem Codenamen, Uhrzeiten, Abkürzungen und Eurobeträge standen, die wahrscheinlich auf Treffen mit irgendwelchen wichtigen Leuten hindeuten, haben wir keinerlei Anhaltspunkte."

Das händchenhaltende Pärchen war schon seit längerem wieder gegangen, an der Theke saß zwischenzeitlich ein einzelner Mann und trank ein Bier, aber jetzt waren Karl und Ellbruck wieder alleine in der Bar.

Alex hantierte immer noch mit allerlei Flaschen und Obst herum und bereitete weitere Cocktails zu. Als Ellbruck sich fragte, für wen die wohl sein sollten, stand Alex bereits wieder mit einem Tablett vor ihnen und sagte: „Ich dachte, ich bringe euch mit meiner Eigenkreation noch etwas Farbe in euer Spiel. Ich habe den Cocktail ‚Wiesbadens Quelle Nr. 16' genannt. Er soll eine Hommage an unsere schöne Stadt sein." Alex stellte zwei Cocktailschalen mit einer intensiv blauen Flüssigkeit vor die verdutzt guckenden Kriminalbeamten. Im Glas schwammen drei gelbe Melonenstücke, die in Lilienform geschnitten waren und alles zusammen erinnerte tatsächlich an das Wiesbadener Wappen.

„Der Cocktail besteht aus Gin, Blue Curacao, Grenadine, Zitronensaft und Ananassaft und ist ein prima Drink zum Abschluss", sagte Alex.

Ellbruck hatte den Hinweis verstanden. Sie hatten definitiv zu viel getrunken und sollten aufhören. „Aber warum sollen sie jetzt noch etwas Blaues trinken? Blau war heute nicht ein Mal vorgekommen! Die einzig Blauen sind wir beide", dachte der merklich angetrunkene Kommissar. Er wollte mehr aus Höflichkeit gerade das Glas ansetzen, als er plötzlich losprustete und auf einen Schlag fast nüchtern war. „Der Scheibner, Black Death, oder wie auch immer er hieß, war noch nicht tot und hat auch nicht um Hilfe telefoniert oder geschrien. Die Pina Coladas konnten deshalb auch nichts hören", dachte Ellbruck und fragte seinen Assistenten: „Seit wann haben alle hessischen Polizisten blaue Uniformen?"

„Seit Ende 2008, glaube ich", antwortete Karl pflichtbewusst, aber verständnislos. Ellbruck lehnte sich nun genüsslich in die Kissen zurück. „Zumindest wissen wir jetzt, wer der Täter war. Ich hoffe, du hast die Personalien unserer falschen Kollegen aufgenommen." Karls versteinertes Gesicht nahm Ellbruck nicht mehr wahr. Für ihn war der Abend vorerst gerettet.

Ellbruck schaute auf die Uhr. Es war kurz vor elf und seine Miene verfinsterte sich sofort wieder. „Mist! Dafür habe ich mal wieder im Privatleben versagt, meine Verabredung mit Miriam ist wohl gelaufen", murmelte Ellbruck.

Verärgert über seine eigene Unzulänglichkeit sagte der Kommissar zu Alex gewandt, der immer noch vor ihnen stand: „Schick doch bitte die Rechnung ans Kommissariat, schließlich hat das alles hier der Mordaufklärung gedient."

Kommissar Ellbruck merkte nicht, dass er wahrscheinlich seinen zweiten Fehler an diesem Abend begangen hatte.

Kennen Sie Frauenstein?

Von Marilu Stahl/Karin Träger

Hmm ...

... da müssen tendenzielle Innenstadtmenschen erst mal im Gedächtnis kramen, nicht wahr – Frauenstein, interessante Frage, in unsrer Gegend entlang des Rheins bezeichnete man den steinernen Wehrturm in einem Adelshof kurz als ‚Stein' – wie bei Eppstein, Schierstein beispielsweise, bewies irgendein Professor, das darin wohnende Geschlecht gab oftmals den Namen – hier also ein gewisser Herr von Vrouwensteyn, dessen Erben die Burg an der Hangseite vom ‚Spitzen Stein' um 1300 an den Erzbischof von Mainz verkauften, was wiederum für Jahrhunderte Anlass zu Streitigkeiten gab, wie man übrigens auch an den Wehrhöfen sehen kann, mit denen die Nassauer den Ort einkreisten, damit dieser nicht – okay, okay, seh schon, die Geschichtsstunde kann ich mir sparen, danach steht Ihnen weniger der Sinn ... also, zwoter Versuch, frei nach Ludwig Bechstein – aber nicht, dass ich mir ne Märchenstunde vorwerfen lasse, Sie wissen ja, in jeder Sage klebt ein Körnchen Wahrheit: könnte also heißen: jüngerer Mann entführt ... Braut seines Kumpans, Kumpan wird fälschlicherweise von Bütteln des ... Landesfürsten ... festgenagelt ..., die darob vor Trauer dahin welkende Braut pflanzt mit zitternder Hand einen Baum – die weithin bekannte Frauensteiner Blutlinde –, sie trug rosa Kirschblüten im Haar und hatte eine fantastische Figur – nee, klingt zu unwahrscheinlich, selbst für Ihre Ohren, na da soll doch ... bin kooperativ, das fürs

Protokoll ... echt gute Frage, wer oder was ist Frauenstein, könnt alles Mögliche sein, nicht wahr, dieses Frauen-Stein, also Beton kaum, damit kenn ich mich als ehemaliger Polier aus, mit Schnellbinder-Beton, aber warum nicht Wein oder ne exotische Herrenmassage – ehrlich gesagt, echt keine Ahnung ... der Schorschi, ja, womöglich ... n Schlawiner, wie er im Buche steht, wenn Sie verstehn, was ich meine, n Schluri, kommst du heute nicht, kommst du morgen-Typ, Säuwatz, langhaariger Zoddelbock, n ganz dorschdriewener Pläsirmichel isser, der Schorschi (echt ich nich), der hats faustdick hinter den Ohren, könnt schon sein, dass dem Dunnerkeil das schwarze Trottwa-Schwälbsche vom Bahnhof gefiel, war n teures Vergnügen, sicherlich wüsste der – sehen Sie, nun hab ich ihn glatt vergessen, den wunderlichen Namen, tschau mit au sag ich, weil ... Sie sind halt Kriminaler, die müssen stets fragen ... is aber nicht, was Sie glauben, Glaube gehört in die Kirche, sang an der Wiege mein Mütterlein, und was es ansonsten und unter Umständen damit auf sich haben könnte, also: mit dem Tod des Juweliers Wintermeyer und den seitdem verschwundenen Kunstgegenständen (schon klar!), die der Schorschi abgegriffen haben soll – also nix für ungut, da machen Sie mich jetzt ganz wuschig, da gehts mir wie an der Theke im Maldaner, wenn man angesichts der vielen leckeren Torten sich zuviel auf den Teller häuft, echt ehrlich, wie sollt ich denn ahnen – ja, eigentlich isses genau so, wollt ich in Ermangelung von eigenem geistigen Gebräu n Fässchen für n Schorschi besorgen, is mir ein Rätsel, wie ich da hineingerutscht bin, war n lustiger Abend, was biste nur für n Sauflabbe, Schoppebloser, Gorjelschwenker, sag ich noch zum Schorschi (der kann nämlich abdrücken wie n Stier), irgendwann war im Bembelsche der Äppler finito, ist ne Tatsache, dass das Stöffche erst nach dem siebten Glas zu schmecken beginnt – auf, einen zische mer noch, meinte der aale Sperensjemacher, hat der mal wieder prima hingekriegt, ich zu mir – bingo, da hawwe-mer den Salat, Schluss mit lustig, wiederum er, nach nem letzten traurigen Blick ins wüstentrockne Riffelglas – und: Fränky-Boy, komm in die Gänge – allein daran sieht man schon: hätt ich als sein bester Freund um das Gedönse gewußt, das uns erwartet, mir wär Gänsewoi mehr als recht gewesen ... wills mal so ausdrücken (und nicht, dass ich Sie belehren wollt): aber wegen dem Glück, das mich verfolgt als wärs e launig aal Schnall (die halbe Wahrheit, gebs sofort zu, auf das Trottwa-Schwälbsche lass ich ansonsten nix kommen, des Mitzi war echt süß, war des), also für das Glück, welches mich so unvermittelt von oben traf, hätts für meinen Geschmack den Zores echt nich gebraucht, e aanzich Sticksche Malheur: heißt: ein einziges Unglück, klar red ich verzwerwelt hochdeutsch mit großartig-großherzich-großstädtischem Einschlag, halt hier doch keine Büttenred, bin doch nicht von gestern, ei Sie, ei gelle, was glauben Sie denn, sind wohl – soso, n Ringeritschter, Herr im Himmel auch ... hab mir nichts – ich schwör! – absolut nix dabei gedacht (außer, dass es gegen drei, vier in der Früh in puncto Kehlenbrand löschzugmäßig pressierte), und wo das Carlsons doch gerade um die Ecke ... sag ich doch, gleich neben dem Wintermeyer sei 'm Laden, sozusagen Tür an Tür, oder Kanalschacht an Kanalschacht, wenn Sie so wollen ... ne herrliche Symbiose, Edelsteine neben Edelbränden, auch wenn sich so n Klunkersche in der Regel nur schwerlich verköstigen lässt, dafür gurgelts im Carlsons umso munterer die Kehle runter ... Carlsons Apfel kennt hier echt jedes Kind ... in einer eigenen kleinen Brennerei – ich glaub fast:

ja, in Frauenstein – verzaubern sie vollreifes Obst in edle Tröpfchen ... die schee goldich Farb kommt von der 5-jährigen Lagerung in Limousin–Eichenfässern (was immer das sein mag – Sie werden es mir bestimmt sagen), welche in einem exquisiten Keller unter unsrer Prachtmeile lagern ... nette, hochprozentige Fässchen ... n Bouquet, schmeißte dich für vom Hocker, echt, weiß ich aus langjähriger Erfahrung – mal vom Streifigen Glockenheimer, Bittenfelder, der Schafnase, Gewürzluiken oder Grünen Himbacher, grundsätzlich alte Apfelbaumsorten, fragen Sie mal den Rheingauer Pomologenverband, der anlässlich seines 50-jährigen Bestehens bei Carsons das Krönchen in Auftrag gab, abgefüllt in klare Bordeaux-XXL-Flaschen, von denen eine – nämlich die letzte – in Carlsons Auslage stand, ne echte Rarität – das Bittenfelder Krönchen –, mein absoluter Favorit ... wenngleich der Spaß nicht ganz billig ist, Qualität hat eben ihren Preis, aber wär wohl bei Ihrem Gehalt auch die Ente für Sie unerschwing ... nee-nee, Herr Kommissar, keine Rostschüssel von anno dazumal oder irgend n erbärmliches Federvieh, auch wenn das vermutlich den Namen gab, bitt doch nicht gleich auszuflippen, das ist bei Ihrer unnatürlichen Gesichtsfarbe richtig ungesund, nix für ungut, was red ich da, ein Missverständnis, es geht ja auch nur am Rande um die Gegend am Kaiser-Friedrich-Platz, gegenüber vom Bowling-Green und dem Kurhaus, der Kurhauskolonnade, dem nahen Hessischen Staatstheater, jedenfalls oberflächig betrachtet ... Sie müssen wissen, das Wilhelminische Wiesbaden war zu seiner Zeit n richtig mondänes Kurbad, der russische Schriftsteller Fjodor M. Dostojewski verspielte im Kasino sein Geld (in seiner Not schrieb er den Roman ‚Der Spieler', in dem Wiesbaden zu ‚Roulettenburg' mutiert, wissen Sie) ... mit dem, was er sich bei Freunden zusammen schnorrte, ist er nächtens ausgerückt, auf den einen oder anderen Edelbrand in Carlsons Apfel, der liegt nur wenige Schritte entfernt in Richtung Prinzenpalais ... klar, dass auch wir ... man gönnt sich ja sonst nix ... aber wie gesagt: vier Uhr morgens, klar, sagte ich bereits, da sind für gewöhnlich die Türen verschlossen, und dann deutete der Schorschi noch etwas Grauseliges an ... nicht, was Sie mit Ihrem beruflich-bedingt-scheppen Weltbild annehmen müssen ... schlimmer ... auch mir ist es am Tag zuvor, als ich über die Rue schlenderte, sofort ins Auge gefallen: der starrend-leere Platz in der Auslage, wo bis vor kurzem s nette Bittenfelder Krönchen munter ausharrte – verkauft, knurrt der Schorschi bös, fort, weg ... als ob man ein aufziehendes Unwetter verspürt, war mir da auf einmal zumute, auch wenn ich nicht abergläubig bin ... doch schob unser Durst jede Vernunft beiseite, zu allem entschlossen zogen wir los, erinnerten wir uns als alte Stammkunden doch an die verbliebenen Fässchen ... warten Sie, zum Einverleiben im Carlson'schen Keller kams dann jedoch nicht ... warten Sies ab, könnt durchaus sein, wir verließen ein bisschen den rechten Pfad – ich sage: könnte, denn möglich ist alles ... warten Sie doch, jetzt, wo ich nachdenke: wie gesagt, liegen das Carlsons und der Laden vom Juwelier Wintermeyer quasi vis-à-vis, da kann man zu nachtschlafender Zeit leicht den Zugang verwechseln ... recht unübersichtlich, das Ganze, geb ich ja zu, weil-und-also hübsch gruslig, erwähnte ich ... ah, mehrfach, gleich seitenweise, bei der ersten Vernehmung, dacht ich mirs doch, im Krankenhaus deuteten sie sowas an wie Amnesie nach Schock, wissen Sie ja ... obwohl es sich sieben Meter unter der Wilhelmstraße zunächst recht harmlos anließ, rund drei Kilometer lang, vier Meter hoch und teilweise fünf Meter breit, wurde der Salzbachkanal 1907 nach siebenjähriger Bauzeit in Betrieb genommen, die Kanalanlagen in Wiesbaden galten einst als beste in Europa, kurz nach der Einweihung gabs regelmäßig n Besichtigungsprogramm, die damaligen Kurgäste konnten dort die gemauerten Korbbögen und Notausstiege und Fangnetze für unaufmerksame Kanalarbeiter bewundern, und auch die langgestreckte Rinne, beidseits von Gehwegen gesäumt ... ist ja schon ne zeitlang her, doch zieh den Hut ... warum ich jetzt damit komme?, nun ... irgendwo auf Höhe des Theaterparkplatzes vereinigt sich der Ram- und Schwarz- zum Salzbach ... es handelt sich somit im engeren Sinn nicht um einen Abwasser-, sondern um einen Bachkanal, mit – nomen est omen, brauch ich Ihnen gegenüber nicht erwähnen, wissen Sie sowieso – mit Thermalwasser, täglich schießen zwei Millionen Liter heißes Wasser aus den Wiesbadener Quellen empor, zum Teil aus 2000 Metern Tiefe – ich habs, Chef, wie Sie leicht feststellen können, seit dem Psychiatrieaufenthalt mit Zahlen, liegt an dem speziellen Fall – bereits um 80 nach Christus wurde der rötliche Sinter (Sie wissen schon, Sinterablagerungen sind ausgefällte Mineralien) von den Beckenrändern der Thermalbäder abgekratzt und als ‚Mattiakische Kugeln' nach Rom gekarrt, der römische Dichter Valerius meinte zum Färben der Haare, aber nahm man dafür ja bekanntlich auch Pipi oder schnitt den Slaven gleich die blonden Haare ab, um Perücken ... die spinnen, die Römer, ach ... bitte? ... ablenken, ich, du liebe Güte, wer lenkt hier ab – ja, Sie waren es doch, der alles seit Adam und Eva hören wollte, wie kommen Sie nun – ich benötige Fallbeispiele, Chef, um aufzuzeigen, über was für eine ... Materie wir hier reden – steckte mir mein Anwalt, nichts für ungut, Chef –, im Vergleich zu den eingeleiten

Abwässern schneidet unser Kochbrunnen und Co kaum schlechter ab, dürfen Sie mir glauben .... krieg glatt den Dadderich bei der bloßen Erinnerung daran, also immer mit der Ruhe – was mir bei dem Gedanken an die begehbaren, circa 45 Kilometer heutigen Wiesbadener Kanalsystem noch immer nicht gelingen will – nein, weniger des Geruchs wegen oder weil der Salzbachkanal pro Sekunde die Wassermenge von etwa 85.000 Litern ableitet, bei nem Unwetter trotzdem blitzschnell bis unter die Decke vollaufen kann – darauf wiesen Ihre Herrn Kollegen vor Ort ausführlichst hin (sowie: auf mein ... ungewöhnliches Parfüm) –, trotzdem ist dieser Abschnitt des Kanals vergleichsweise harmlos, wie man auch an den wieder in Mode gekommenen Besucherführungen unter der Rue sieht ..., sondern gerade, weil ichs eben mit Unterweltführungen nicht so hab, verstehen Sie bestimmt ... o tun Sie nicht, o Wunder ... dann ... ganz ... langsam, damit sich Ihr kleiner elektronischer Butler beim Aufzeichnen nicht wieder verschluckt ... ich deutete es ja bereits an (und diese Annahme könnte man unter den gegebenen Umständen akzeptieren, da wir auf die Rue zuliefen, nicht umgekehrt, jedenfalls soweit ich mich erinnere), oberhalb der Karl-Glässingstraße ist das unterirdische Klima in etwa mit einem dickgefütterten Mumienschlafsack mit kaputtem Reißverschluss in praller Sonne vergleichbar – Klaustrophobie-mäßig eng und stickig – einen Meter unter der Erdoberfläche bis zu 55 Grad heiß – soweit klar? –, ganz im Vertrauen, selbst n halwer Zwaametermann wie Sie käme dort nur gebückt voran, und der Schorschi, der ragt mir zweimal übers Haupt ... tasteten uns durch schier endlose, niedrige Gänge, man hat die eigne Hand vor Augen kaum gesehen, prompt hat denn auch Schorschis Funzel n Geist aufgegeben, es gluckert, rauscht, brodelt wie blöd, von oben tropft es pausenlos herab, die eignen Schritte hallen von den gefliesten Wänden wider, Ratten huschen durch die modrige Brühe, es ist, als ob man blind auf einen dunklen Abgrund zugeht – kann ich Ihnen nur bedingt empfehlen, Chef, zum Deiwel – aber das Wiesbaden im Innern ausgehöhlt und löchrig ist wie n Schweizer Käse, daran trifft den Leibhaftigen wahrhaftig keine Schuld, in der Grabenstraße, unter dem Schorschi seiner Hütte, ist die Stelle abgesackt, wo sein Aaa-Bee ... ei des Toilettche, der Schorschi hatte ständig Ärger mit der Stadt, weil die nicht zahlen wollten – ich krieg noch n Föhn, erklärt er mir, als wir so vor uns hinplatschen – ich ihm, der schwache Abglanz der Fässchen mit dem goldichen Inhalt trieb mich an: dito, wenn du n Hintern nicht augenblicklich weiterschiebst – ich mach noch die Flatter, wenn das so weitergeht, wiederum der Schorschi mit so nem seltsamen Leuchten in den Augen – weiß ich genau, hatt ja noch meine Laterne –, ob er dabei aber an die Mitzi dachte, kann ich echt nicht sagen ... das schwarze Trottwa-Schwälbche vom Bahnhof, erinnern Sie sich noch? ... das ist mir eine ... mit der würd ich ... Luder, verrücktes ... mindestens so durchgeknallt wie ... konnts mir ja fast denken – moi-Nerve, Chef, Mann, Herr Kommissar: schreien Sie doch um Himmels Willen nich so rum, von wegen alles ist wichtig ... was-wer-was ... klar liefere ich Ihnen die notwendigen Details, hab heut ja anscheinend Babbelwasser gesoffen und komm mir hier vor wie n Storch im Salat (zur Erinnerung und wegen des Protokolls: ich war seligen Wegs zum Carlsons, auch wenns ein ungewöhnlicher war, der Weg durch die Wiesbadener Kanalisation, wegen nem Fässchen für meinen Kumpan, als dieser noch mein Kumpan war, ist die Katze aus dem Sack) ... dieses ewige wer-was-wer macht mich gleich wieder ganz wuschig, was weiß ich denn, irgendwer weiß halt immer über irgendwas Bescheid ... das nun geht weder Sie noch Ihren kleinen japanischen Helfer rein garnix an – dass die Mitzi, wie Sie annehmen, sowohl mit mir als auch mit dem dicken Juwelier verbändelt wär, der Himmel sei der armen Seele gnädig, da bin ich als Exil-Dotzemer erzkatholisch ... und? – dass der Schorschi die Mitzi über mich kennenlernte ... nun, steht Ihnen natürlich frei, zu denken, wann immer Sie wollen, ich sagte bereits, der Schorschi war n Schluri wie er im Buche steht – dass mehr Leute als geplant von dem alten Schacht wussten, der zu Wintermeyers Laden hinaufführt ... ok Chef, nun laufen Sie zur Höchstform auf, setzen Treffer an Treffer, gerade so, als wärn wir beim Schiffche-versenken, mit dem wir uns einst durch n Schulunterricht hangelten (obwohl ich mir nicht sicher bin, ob Sie das Spiel kapieren, so wie Sie ins Wasser haun) ... selbst wenn die Mitzi oder sonstwer von dem Schacht wusste, darüber geplaudert hat sie nicht, jedenfalls nicht mit mir, so ne Tratschtante (... wissen: ausgesprochen Traaatsch, nur fürs Protokoll) war das nicht, lieber die Zunge abgebissen hätt die sich ... Ihre plötzliche Schweigsamkeit nehme ich mit einem gewissen Erschrecken zur Kenntnis, es ist fast wie zu dem Moment, ehe die Mitzi ... also gut ... wir trudeln also endlich am Salzbachkanal ein, ich denk noch, die Fissemadenten von dem Lumbesäckel, Neunmal-oos, dem Querdreiwer von Schorschi, mit dem keine grade Furche zu zackern ist, mach nicht länger mit, denk ich, wie ... als ... da ... kommt der dicke Wintermeyer plötzlich auf uns zugesegelt, als wärs n närrisch gewordenes Fastnachtsgespenst ... blass wie n weißes Tischtuch im Nebel, mit weit ausgebreiteten Armen an uns vorbei, rutscht, schlittert, klatscht er in die stinkige Brühe, und dann schreit auch schon die Mitzi los, und der Schorschi bleibt wie angewurzelt stehn, angesichts der Bambule (Bantuwort und Knastsprache, wie Sie wissen, bedeutet übrigens sowas wie Krach), den die Mitzi oben aufführt ... einen ihrer Pumps hat sie schon verloren, ihre Netzstrumpfhose ist zerrissen, sie blutet am Knie, kaum, dass sie sich am Seil festhalten kann, in ihrem engen, halb hochgerutschten rosa Kleid ... unvergesslich ... und weil den Schorschi nunmal komischerweise augenblicklich des arm Dier überkommt (werden nun mal alle nicht jünger, er wird demnächst dreißig, am ersten April, wissen Sie ja) sag ich rasch, he, Schorschi, immer hübsch langsam (die Mitzi schreit), er aber steht noch immer als wärs n ausgewachsener Pfingstochs und begafft die Mitzi, die in einem moosigglitschigen Durchlass in gut sechs Metern Höhe baumelt (sie schreit, sie) ... was also machen? ... Sie, Chef, nennen es Angst vor frühzeitiger Entdeckung, ich sage – vorausschauende Pietät ... sehen Sie, der Wintermeyer war n echter Brocken, geschätzte 240 Pfund, leicht hätte da der Abfluss in Richtung Rhein verstopfen können und somit Missverständnisse entstehen, aber in der Nische, wo er sich verfing ... ich also zum Schorschi: he, Murkser, Quadratsimbel, Traanfunzel – ab, zurück in den Keller in der Grabenstraße, wo wir eingestiegen sind, den Schnellbinder-Beton holen, brüll ich, der wird bei Wassereinbrüchen gebraucht (hatten die Bauarbeiter dort stehen gelassen, weil sie dem Schorschi seine Toilette reparieren sollten, aber wegen der Osterfeiertage nicht fertig geworden sind), er aber gafft, mit aufgerissenem Maul ... bleib ich also neben ihm stehn und brüll: der Dicke hatt bis dahin ein nettes Leben gehabt, immer genug Geld für – wie man so sagt – Wein, Weib und Gesang, nun fand er nach der Nacht mit der Mitzi n netten

Tod, zusammen mit dem netten XXL-Fläschchen, brüll ich (im nachhinein betrachtet womöglich ein Fehler), da dreht er sich rum, der Bleeedhammel von Schorschi und fährt auf mich los (Mitzis Schreie gellen spitz durch den Kanal des Salzbaches) … konnt ja nicht ahnen, dass die Mitzi dem aalen Zorngickel nix sagte, von wegen, dass sie es war, die das letzte Fläschchen Bittenfelder Krönchen kaufte, Carlsons Edelbrand vom Feinsten, in der klaren XXL-5-Liter Bordeauxflasche, anlässlich des Jubiläums des Pomologenverbands, von ihrem hart erarbeiteten Geld, muss man sich mal vorstellen, bei dem dicken Juwelier sicherlich clever investiert (die wusste schon immer, wo sie am besten blieb, die schreiende Mitzi an der Schachtdecke), glaub nicht, dass dem Schorschi das gefiel, was musste er sich auch gerade in die Mitzi vergucken … aber dass sie oder sonstwer den Tod von Wintermeyer einplante, kann ich mir beim besten Willen nicht vorstellen, woher denn hätte wer immer wissen sollen, dass der dicke Juwelier wegen eines Herzfehlers den edlen Tropfen nicht vertrug – (was für eine Verschwendung; ei, die Gier) –, und nur, weil die Mitzi in ihrer verständlichen Panik, anstatt den Notarzt zu rufen, den toten Wintermeyer in den Kanalschacht schubst, gerade als wir zufällig vorbeikommen (die Mitzi schreit immer noch, pausenlos, mit ihrer ziemlich hellen Stimme) – daraus können Sie, Chef, wahrhaftig keinen Mord konstruieren, nicht mal Totschlag, lässt mein Verteidiger hoffnungsfroh vermelden – n dummer Unfall, knirsche ich zu Schorschis Adresse – er: genauso isses, Fränky-Boy, dabei sich seine Finger fest in meine Kehle drücken, sieht er mich so hitzig an, wie es aus dem nahen Kochbrunnen aufsteigt – (was auch daran liegen könnte, dass sein Häuschen in der Grabenstrasse mitten auf nem Quellllauf steht, und das schon ne ganze Weile, er somit als Wiesbadener Urvulkangestein erblich vorbelastet gelten könnte – wenn Sie mir den Kalauer verzeihn), knirscht er zurück: Fränky-Boy, hier trennen sich unsere Wege, ich wiederum, auf ebensolche Art: ebend ... genau ... so ... dummer Olwel, Dabbes, Hinnedruffhibber, währenddessen die ganze Zeit die Mitzi schreit (unablässig schreit die Mitzi, der Salzbachkanal hallt über von ihrem Geschrei, was schließlich den verspäteten Passanten auf der Rue auf den Plan ruft, der ihre Kollegen alarmierte), ihr Gazelle-Körberche schwingt an dem Seil, in dem sie sich verfing, als sie den Wintermeyer hinunter schubste, ihre strampelnden Beine und spitzen Schreie bringen den Schorschi ums letzte bisschen Verstand ... statt augenblicklich die Fliege zu machen (für meinen Geschmack wars für Schnellbinder-Beton zu spät) murmelt er: des isses, des isses worum es geht, murmelt der traumselige Trampel von Schorschi leise, während er zu Mitzi hinauf stiert, und da wusst ich, gleich isses vorbei – ich verbitt mir jenes kommissarische Grinsen Ihrerseits, echt nich lustig, Chef, nee – dass jenes suborbitale Örtchen oberhalb der Kanalisation auch dem Juwelier Sorgen bereitete, davon hatt ich echt keine Ahnung ... ja-ja-ja, es war eine aus heutiger Sicht unbedacht gewählte Stelle, an der unser Schorschi das herab hängende Seil durchschnitt ... blitzschnell, ich war noch nicht wieder auf den Beinen, hat er das Seil durchtrennt, an dem bis dahin die Mitzi hing, verbunden unten in der Wasserrinne mit dem Juwelier Wintermeyer, ähnlich dem Gegengewicht einer Standuhr ... hält der Mobbel hier Maulaffen feil, selig betrunkener Zwockel, klaaner, komm zu dir, hör ich den Schorschi noch sagen ... ich dachte eben erneut an Schnellbinder–Beton ... ein letzter Schrei Mitzis ... echt schrill ... sie wehrt sich mit ganzer

Kraft gegen den unvermeidlichen Absturz ... stemmt ihre langen Arme und Beine gegen die marode Schachtwand ... rutscht ab ... und knallt mit dem Bobbes voran mir uff n Deetz, dass ich die Englein singen hör ... getrübt nur vom Luxus-Aaa-Bee des dicken Juweliers, der ihr augenblicklich folgt ... aales Trampeldier, denk ich so für mich – ich meine, nach dem Tritt eines solchen fühlte es sich an, als ich wieder zu mir kam, total geschafft – hallo! nur fürs Protokoll: hat nur am Rand zu tun mit dem Schorschi und mei'm verunglückten Abend, ja! –, und dann tauchten auch schon Ihre Herren Kollegen auf und standen wie Falschgeld herum, beratschlagten, des Duftwässerchens wegen, in das meine Wenigkeit eingetaucht lag, und dann fanden sie den dicken Wintermeyer ... abhauen war hier sowieso nicht drin: tjaa warum auch – Sie werdens kaum glauben, doch überbekam mich da augenblicklich der fürchterlichste Durst, hätten Sie nicht n Schlückcken, auf ... das Tor zum herrlichen Rheingau, darauf stoß ich an ... drauf, dass ich Dusseldier höflicherweise Ihrerseits gerettet wurde, dusslig genug dazu bin ... dummer Hinnedraa, jetzt, wo alles enüwwer is – wo die Mitzi steckt, echt keine Ahnung, und dass der Schorschi mit Nachnamen Frauenstein heißen soll, n Ding, hab ich echt ehrlich nich gewusst, nee mit e ...

Und Punkt.

Es sonnen sich die Toten

Von Matthias Tettenborn

So konzentriert wie es mir damals nur möglich war, schaute ich dem Wirt beim Einschenken meines Giftes zu, meinem Wirt, bei dem ich auch seit zwei Wochen Hotelgast war. Eine Ewigkeit her, ein Leben weit weg. „Prost!“, stammelte er. „Zum Wohlsein!“ Die Worte, aufgesagt ohne jegliche Emotion. Genau so gut hätte er auch die Lottozahlen von vor drei Wochen säuseln können. Er meinte den ewig dahingesagten Satz nicht ernst. Egal, belanglos. Der Inhalt des Schnapsglases hatte eine schöne rote Farbe, sie funkelte im Lampenschein und ich komme schon noch auf den Namen des Getränks, muss mich nur kurz sammeln. Wie war er doch noch gleich? Egal, belanglos.

„Zum Wohl!“ Er wiederholte sich. Gierig trank ich aus und leckte die Überbleibsel von der Oberlippe. Wieder dieses wärmende Gefühl im Magen spüren. Eine innere Umarmung, ein kurzes Liebkosen und mein Warten auf ein Versprechen. „Alles wird gut, ich stütze dich und bereite dir ein Lager für alles, was du überdecken und zum Einschlafen bringen magst. Alles kann ich von dir fernhalten, wenn du nur den Strom nicht versiegen lässt. Der Morgen kommt später und bis dahin lass mich deine Burg und dein Verteidigungswall sein. Wir sind in der Unterzahl und der Feind ist stark. Er lauert an jeder Ecke. In unserer Welt aber ist er machtlos, er kann uns dort nicht finden und ergreifen. Komm, wir graben uns ein und er darf mit all seinen Truppen über unsere Köpfe marschieren. Die Erde wird unter seinen Füssen beben, wir aber sind sicher vor ihm!“ Ich will dem Wirt sagen, dass ich noch einen trinken will, aber es funktioniert nicht. Die Worte kommen nicht mehr in der richtigen Reihenfolge aus dem Mund, sind undeutlich oder ohne Sinn. Es wird auch so gehen; ich werde ihm das leere Glas einfach auf den Tresen stellen und mit dem Zeigefinger drauf deuten. Er wird es verstehen.

Wenn ich doch nur die Glocken wieder hören könnte. Was gäbe ich drum. Was gäbe ich drum die Zeit zurückzudrehen und mich nicht mit Michael zu treffen. Er war und ist mein bester Freund, Anfang dreißig wie ich, aber von gänzlich anderem Gemüt. Immer kam es mir vor, als sei er schwerer als er aussah. Michael war schlank und gut 1,90 m groß. Sein Gang schlaksig und der Rücken leicht gekrümmt. Wenn ich ihm beim Laufen zusah, war es, als säße eine zweite Person auf seinen Schultern. Deshalb vermochte auch Sport nicht das richtige Ding für ihn zu sein und bei diesem Gedanken lächelte ich und schüttete den Inhalt des mittlerweile nachgeschenkten Schnapsglases herunter. Vorsichtig, denn jeder Tropfen hatte immense Bedeutung, war kostbar und unentbehrlich. Warum habe ich mich eingemischt? Weil ich mit dem Mund so schnell bin. Warum habe ich gedacht schlauer als andere zu sein? Weil ich es mit dem Mund kann. Immer bin ich besser, unfehlbar, die letzte Instanz. Mit dem Mund bestimmt. Und dieser schafft es jetzt noch nicht einmal, sich sein/unser Gift zu bestellen. Meine letzte Instanz.

Eine Wohnung, drei Zimmer und seit Kurzem ein schlecht bezahlter Job an einer schäbigen Tankstelle, zerstritten mit dem Vater, all das prägt mein derzeitiges Dasein. Und mein Freund, nicht zu vergessen. Michael und Andreas, die Namen nannten die Leute meist im

Zusammenhang, ein Name alleine fiel selten. Er war die perfekte Person, um mich gut aussehen zu lassen. Saß Michael neben mir, machte man einfach den Einäugigen unter den Blinden zum König und zu ihrem Gott. In allen Belangen fühlte ich mich überlegen und spielte falsch am Tisch derer, die ohnehin die schlechteren Karten als ich hatten. Dass Michael darunter litt, nahm ich in Kauf, zu wichtig war es mir gut dazustehen und mir falsche Freunde zu machen. Der einzig Wahre aber litt Höllenqualen, aber leise und niemals klagend. Dann kam der Tag, an dem alles anders wurde. Sein jüngerer Bruder verschwand plötzlich, als wäre er Kreide an einer Schultafel. Ausradiert. Ohne Nachricht, ohne Anhaltspunkte.

Zwei Monate nach seinem Verschwinden fand eine Schulklasse beim Wandertag seinen toten Körper. Hoffentlich waren sie nicht gerade dabei, ihre mitgenommenen Brote zu essen. Die Kleinen würden wohl nie mehr ganz unbefangen im Biebricher Schlosspark spielen, oder mit den Eltern spazieren gehen. Lag da einfach inmitten einer ungemähten Liegewiese, so als wollte er sich sonnen. Der unnatürlich weit geöffnete Mund formte einen langen, nicht hörbaren Schrei, während der Körper dem Ungeziefer als Nahrung diente. Die Logik der Natur und jeder hat sich ihr zu fügen. Das, was allerdings nicht ins Bild der Logik passte, war eine kleine Glocke, die Michaels Bruder in der Hand umklammert hielt. Mein Freund wurde noch verschlossener und eine riesige Last zerdrückte ihn beinahe. Seine Haltung wurde noch gebückter, seine Mimik noch freudloser. Aber irgendwann war das letzte Geleit absolviert, die Tränen aufgebraucht. Was blieb war: Todesursache: erstickt … Fingernägel aus ihrem Bett gerissen. Keine größeren sonstigen Wunden, eine kleine Glocke in der linken Hand, Bekleidung: vollständig, 24 Schüler auf dem besten Wege psychische Schäden davon zu tragen. Im Großen und Ganzen war es das.

„Was hältst du davon? Michael ließ mir nicht die Zeit, mich setzen zu können. Wir hatten uns hier in der Nähe des Parks verabredet, in dem man seinen Bruder gefunden hatte. Seine Stimme am Telefon klang aufgeregt. „Wir müssen uns sehen, Andreas!" „Klar, drei Uhr okay?" Er antwortete nicht und somit waren zwei Dinge klar. A: Es war okay. B: Das kleine Café an der Rheinpromenade. Unser Café, der Ausgangspunkt für weitere Unternehmungen am Abend, Aussichtsplattform, wenn im Sommer die Hitze den jungen Frauen die Röcke schmelzen ließ. Michael hielt einen winzigen MP3-Player in der Hand, überreichte mir beinahe feierlich den daran befestigten Kopfhörer, forderte mit seinem Blick, ihn aufzusetzen. Eine Sache, die ich hasste. Fremdes Ohrenschmalz, verkrustet, gelblich und wie man sich auch windet, schließlich ergreift man ihn und hofft inständig, sich keine ansteckende, tödliche Krankheit einzuhandeln. Michael startete die Wiedergabe: „Du suchst mich? Du weißt wo. Warum? Suche nicht den Sinn, es gibt keinen. Du wirst auch kratzen und schreien, aber nur die Glocke ist deine Stimme. In drei Tagen!" Gesprochen wurden diese Worte von jemandem, der sich Helium verabreicht haben musste. Sofort hatte ich das das Bild von einer Person vor Augen, die sich den Inhalt eines Luftballons schmecken ließ und zu einem menschlichen Donald Duck mutierte. „Was für ein Müll ist das denn?", wollte ich wissen. Dabei lachte ich meinen Freund an. „Hab ich gefunden. Auf seinem AB!" Er starrte mit ernster Miene auf die Tischplatte, kramte mit der linken Hand in seiner Hosentasche und fand schließlich einen zerknitterten Zettel, DIN

A 4, rausgerissen aus einem Collegeblock. >KIEDRICH, KARSTEN HUBER< war in Druckbuchstaben zu lesen, daneben eine Telefonnummer, Vorwahl Kiedrich, sechs Strichmännchen und drei Tierzeichnungen, so als wurden diese Zeilen und Gemälde während eines Telefonats geschrieben und gezeichnet. Als ich mir die Ecken des Blatts genauer ansah, fiel mir noch auf, dass in jeder ein kleines, dreidimensionales Kreuz, mit blauer Kugelschreibermine verewigt war. „Ich glaube, die Stimme auf dem Band, hat mit dem hier zu tun. Michael schaute dabei auf den Zettel mit der Handschrift des Bruders. „Die Nummer ist von einem Hotel und dieser Huber ist der Chef!" Einen Moment lang dachte ich über den Bruder meines Freundes nach. Relativ lange brauchte ich, um mich an dessen Name zu erinnern, so wenig kannte ich ihn. Noch verschlossener als Michael, was schwer zu glauben war und sein größtes Hobby war das Internet. Wenn er nicht gerade chattete, an seiner Homepage bastelte, surfte er am liebsten auf Seiten, die nur irgendwie das Thema „Verschwörungen" als Thema hatten. 11. September, angebliches Täuschungsmanöver, was die Mondlandung angeht, alles das war sein Ding, da war er zu Hause. Wenn Dinge aus einer anderen Welt zu kommen schienen, klammerte er sich daran und sog den Hauch des Mystischen gierig ein. Er kam ja irgendwie auch aus einer anderen Welt. „Dominik hat mir erzählt, dass er jetzt den ganz großen Fisch an der Angel hat und seine Internetseite bald groß rauskommen würde!" Michaels Augen glänzten, weil Tränen sich auf den Weg machten. „Und dann liegt er als menschlicher Eintopf hier im Schlosspark!" Seine Stimme wurde lauter und besorgte Mitmenschen schauten neugierig zu uns herüber. Ein paar schüttelten den Kopf. Hier, genau in diesem Moment hätte ich Michael beruhigen sollen, ihn trösten, von mir aus auch in den Arm nehmen müssen (Damit auch die anderen im Café, in den Kopf-Schüttel-Reigen einstimmen konnten). Alles hätte ich tun können, nur nicht das, was ich damals wirklich tat. Ich hatte ihm versprochen, der Sache nachzugehen.

Auch wenn es verboten war, sie ließ es sich nicht nehmen. Was sollte schon passieren, mit ihren 71 Jahren auf dem Buckel? Elisabeth fütterte weiter ihre Tauben und Exoten, die im Schlosspark irgendwann mal ein neues Heim gefunden hatten. So sorgte sie für jemanden und wurde beachtet. Wenn auch nur von ihren gefiederten Freunden als Futterquelle und dem Ordnungsamt als Störfaktor. Kurz bevor es im Altenheim Mittagessen gab, saß sie wie jeden Tag seit Jahren, auf ihrer Parkbank im Schatten und kramte in der viel zu großen Einkaufstüte aus Plastik nach hartem Brot, das sie am Vortag von den Tischen im Heim heimlich mitgenommen hatte. Sie lächelte und sah dabei zu, wie die Vögel sich um ihr Mittagessen stritten. Die negativen Bemerkungen der Spaziergänger überhörte sie dabei, wie seit Jahren. Elisabeth würde wohl auch so handeln, wenn sie besser hätte hören können. Schnell war der Inhalt der Tüte mit viel Liebe verteilt, aber da der Tag sehr sonnig und angenehm warm war, blieb sie länger als sonst auf ihrer Bank sitzen, um einigen Gedanken nachzuhängen. Im Schutz eines Baumes auf der kleinen Rasenfläche vor ihr, konnte sie jemanden erkennen, der sich auf einem ausgebreiteten Handtuch niedergelassen hatte. Als Sonnenschutz fungierte ein aufgespannter Regenschirm, schrecklich bunt, der schräg auf dem Gras lag und so den Blick auf das Gesicht versperrte. Die Schuhe standen sorgfältig aufgereiht neben dem Liegenden am Fußteil und waren Männerschuhe, eindeutig. Elisabeths Augen waren für ihr Alter ausgezeichnet, nicht aber ihre Fähigkeit Distanzen einzuschätzen. Die Vermutung, dass es dreihundert Meter waren, zwischen ihr und dem Sonnenanbeter, war etwas über das Ziel hinausgeschossen. Aber es waren Männerschuhe, zwar unwichtig, aber wenn ein Organ an ihr noch gut funktionierte, musste es herausgestellt werden. Wenn auch nur für sich allein. Sieh Elisabeth, du kannst doch noch was. Zwei Mischlingshunde spielten in der Nähe, während sich ihre Besitzerinnen angeregt unterhielten. Einer der Hunde sollte wohl mal als Kalb auf die Welt kommen, aber etwas ging schief und hätte er sich beim Spielen nicht sehr zurück gehalten, sein Genosse wäre ein Puzzle geworden. Beim Herumtollen kamen sie dem Rastenden auf seinem blauen Badehandtuch, langsam, aber sicher näher. Beim Anblick des Goliath-Hundes, eine düstere Erkenntnis. Er stoppte sein Spiel, war diesem wohl überdrüssig geworden, lief vorsichtig zögernd, mit der Nase prüfend, zu ihm, gab mit dem Riesenkopf dem Regenschirm einen sanften Stoß und schaute diesem verwundert beim Wegrollen zu. Dann stülpte er sein großes Maul über den halbverwesten Kopf der Leiche und zog sie quer über den Rasen – mit wedelndem Schwanz. Eine der beiden Damen, die sich eben noch angeregt unterhalten hatten, übergab sich spontan, während die andere hastig nach ihrem Handy suchte und dabei die Worte „Oh mein Gott, Oh mein Gott“ immer und immer wieder aufsagte.

Weil ich früher mal ein Jahr bei einer Frankfurter Detektei gearbeitet hatte, hielt mich Michael wohl für clever, er wusste nicht, dass mein „schwierigster Fall“, der Überwachung einer treulosen Ehefrau galt – die, wie sich rausstellte, nie untreu gewesen war – und so dachte er wohl, ich könne

Dinge sehen, die andere nicht erkennen. Das redete ich mir auf jeden Fall ein. Wie schon erwähnt, mit dem Mund bin ich Gott. „He, ich hak mal nach, melde mich auch in diesem Hotel an und irgendwas werde ich von Dominik schon erfahren.“ Natürlich waren alle infragenkommenden Personen schon etliche Male vernommen worden, einmal von der Polizei, einmal von mehr oder weniger bekannten Fernsehsendern, aber nach einer gewissen Zeit wurde Neues zu Altem und andere Schlagzeilen drängten sich auf. Das Interesse schwand zusehends. Da fand man die zweite Leiche im Biebricher Schlosspark. Nachdem man einem Riesenhund seine Knochen mit Fleischresten abnehmen und genauer untersuchen konnte, entdeckte man, wie schon bei Dominik, eine kleine Glocke in der Hand der Leiche. Die Massen fielen wieder ein in Kiedrich und Altes wurde wieder zu Aktuellem. Keine Kneipe, keine Straußwirtschaft, in der nicht Theorien und Verdächtigungen ausgesprochen wurden. In den kleinen verwinkelten Gässchen der Orte am Rhein, tuschelten die Bewohner, gafften die Touristen. Vielleicht war das Gegenüber der Nächste, der Täter, der, der die Leiche im Biebricher Schlossgarten findet. Irgendwann schien man sich auf Patienten der Psychiatrien einzuschießen, die Kiedrich weit über seine Grenzen hinaus bekannt gemacht hatten. „Wenn du nicht aufpasst, landest du in Kiedrich!“ Wie oft hatte ich als Kind den Satz schon gehört. Es gab kein Motiv für die Morde, keine klare Handschrift, keinen roten Faden. Es schien nur sinnlos und grausam. Einer, mindestens einer von ihnen musste es sein. Eine tief begrabene, innere Angst kam wieder ans Tageslicht. Man versteckte nicht mehr den Zeigefinger, der auf „die anderen“ deutete.

Gezückte Kameras gierten nach neuen Erkenntnissen, aus den Mauern der Unkenntnis. Zufahrtswege wurden mit Übertragungswagen zugestellt, Mikrofone vor redende Münder Wildfremder gehalten. Was tut man nicht alles für die Quote. „Zum Wohl!“ Ich hatte gerade einen lieblos gepackten, kleinen braunen Koffer in mein Hotelzimmer geworfen und saß nun an einem Ecktisch der Kneipe, die zum Haus gehörte. Der Wirt drehte sich weg und ich starrte auf das Schnapsglas vor mir, mit der roten Flüssigkeit darin. Sie glänzte im Schein der hässlichen, ein Million Mal in Kneipen gesehenen Lampe, die eingebettet in ein ebenso hässliches Kutschrad war und über meinem Tisch hing. „Das ist Dracula!“, grummelte er noch beim davontraben. „Hab ich aus dem Münsterland mitgebracht, is ein guter Magenbitter. Geht auf's Haus!“ „Dracula!“ Ich betonte jede Silbe, so als wollte ich einem Säugling etwas erklären. Belustigt vom Namen des Getränks prostete ich dem Rücken meines Wirts zu und trank auf ex. Ein warmes Gefühl machte sich sofort im Bauchraum breit, gefolgt von leichten Krämpfen der Magenwände. Ein leises „Puh“ gab ich von mir und schüttelte mich, so als hätte ich Ungeziefer im Haar. „Bestimmt viele Fragen zu beantworten wegen dem Mist in Biebrich, was?“ Der Wirt musste sich angesprochen gefühlt haben, denn ich war der einzige Gast im Schankraum. „Selten so gute Umsätze gehabt!“ Er trocknete gelangweilt ein paar Gläser ab, während er antwortete. Die ersten Worte meines nächsten Satzes hatte ich schon ausgesprochen, da öffnete sich die Tür der Kneipe und der Raum füllte sich. Ein Stammtisch kam zusammen. Ich sprach nicht weiter. Vier Frauen, sechs Männer, alle über sechzig, Weinfreunde und gut bei Sangesstimme. Die lustigen zehn, der Wirt und ich, so blieb die Besetzung des Stücks, bis zum Schluss des Abends. Da ich am Nebentisch saß, konnte ich die Unterhaltung der Gäste gut verfolgen, auch wenn der Dialekt anstrengend war. Die beiden Toten wurden erwähnt, zu Beginn des Abends ruhig, fast flüsternd, später mit reichlich Wein in der Stimme, aufbrausend. Es knisterte bei jedem Redegefecht. Hab ich zu diesem Zeitpunkt schon eine Glocke gehört? Mein Laptop wurde zu meinem besten Freund. Unzählige Male besuchte ich die Internetseite von Dominik, die seit seinem Tod regen Zuspruch hatte. Unscharfe Fotos von ... ja was eigentlich? Ich sah nichts. Wie man den Texten unter den Bildern entnehmen konnte, waren es mal wieder Ufos und es ist ein Phänomen, dass Fotos dann immer unscharf sind. Ich entdeckte so etwas wie eine fliegende Kaffeemaschine, wünschte den Fotografen die Pest an den Hals und lachte die aus, die hinter Dinge zu sehen glaubten. Die Mondoberfläche war für sie in einem Fernsehstudio kreiert und alle Aliens sahen gleich hässlich grau aus.

Dann existierte noch der Chatroom. Nicole78: Dirk ist auch hingefahren! Frank_9: Das Ergebnis haben wir gesehen, ne danke. Shooter39: Is mir egal, ich werde es auch machen. Freddy: Paß auf! Ich hatte mich als „Andreas_Lurker" angemeldet, nicht gerade einfallsreich, aber es spielte keine Rolle. Schreiben wollte ich nicht, nur lesen. Nastygirl: Er hat mich angerufen. Wie Michael! Mein Herz schlug schneller. Deathman: Mach kein Mist und bleib zuhause. Nastygirl: Zu spät, bin die Freundin von Nasty. Bin unter ihrem Namen hier. Sie ist schon gefahren. Deathman: Sch...! Am Tage nutzte ich die Zeit, um durch die Weinberge von Kiedrich zu spazieren. Kannte mich hier aus und ich lächelte beim Laufen. Es tat gut. Danach redete ich mit unwichtigen Menschen über Dominik und freute mich auf den Abend. Da saß ich dann im Schankraum meines Hotels über dem Laptop, sprach mit Karsten – irgendwann stellte sich der Wirt tatsächlich bei mir vor – über die Psychiatrie und deren Patienten. Ich hatte alle Zeit der Welt, um noch abzureisen. Wäre ich bloß gefahren, hätte ich die innere Stimme doch nur nicht mit Dracula zum Lallen gebracht. Ich habe sie schlicht nicht verstanden. Nastygirl hatte diese Zeit nicht mehr, vier Tage nach ihrer Reise nach Kiedrich fand ein Studentenpaar beim nächtlichen Liebesspiel nicht das flüchtige Glück, sondern den endgültigen Tod. So, als wollte Nastygirl den Kindern am Heiligen Abend verkünden, dass es Zeit zum Bescheren sei, hatte sie eine kleine silberne Glocke in der Hand. Die Finger, ohne Nägel, ihre Betten blutig. Irgendwann in diesen zwei Wochen habe ich im Chat, auf der Seite von Dominik die Theorie gelesen. Nostrapaul!: Früher gab man den Toten, aus Angst vor dem Scheintod, ein Seil mit ins Grab, an dessen Ende eine Glocke angebracht war. Im Falle, dass er nicht tot war, zog der verdutzte Erwachte daran und die Glocke schlug im Haus des Totengräbers an. Das war es! Es war zu abgedreht für die Ermittler, aber ja, das war es. Von diesem Moment an wurde der Dracula aus dem Münsterlande zu meinem besten Freund. Er war gut zu mir. Als ich eines Abends hinter den Tresen gerufen wurde, weil ein Anruf für mich kam, hörte ich am anderen Ende die Worte: Du suchst mich? Du weißt wo. Warum? Suche nicht den Sinn, es gibt keinen. Du wirst auch kratzen und schreien, aber nur die Glocke ist deine Stimme. In Heliumsprache. Ich weiß, wer es war. Ich komme hier nicht mehr weg. Gestern stand ich noch mal spät in der Nacht auf und riss mein Fenster auf. Eine wohltuend kühle Prise erfrischte meinen vom „Dracula“ schwer gewordenen Schädel. Ich atmetete langsam tief ein und aus. In der Ferne ein paar Wagen, die Sirene eines Krankenwagens und das Klingeln Dutzender kleiner Glocken. Deswegen bin ich gekommen. Es ist so herrlich, sie wahrzunehmen. Heftig, alarmierend und hysterisch anschlagend, aber nur kurz. Ein paar Einwohner werden sich gefragt haben, was es damit auf sich hat, warum der Klang aus den Weinbergen zu ihnen herüber vom Wind getragen wurde. Weil ich sie mit Seilen versehen und in die Arme Wildfremder gebunden hatte. Weil ich Wildfremde ein klein wenig betäubt habe und gerne hätte ich die Gesichter gesehen, wenn die Wirkung nachgelassen hatte und sie in ihren winzigen Behausungen aufgewacht waren. Na ja, als ich sie später wieder ausgrub, sah ich ja ihre aufgerissenen Augen und Münder. Die Fingerhaltung hat mich besonders erfreut, so verkrampft die Finger und die ehemals darauf thronenden Nägel, so verstreut im schnell zusammengebauten Sperrholzsarg. Das ist eine Plackerei. Im Schutz der Nacht Löcher buddeln, die betäubten Ahnungslosen in die Kiste verfrachten, wieder einbuddeln.

Der Park in Biebrich als letzte Ruhestätte … perfekt. Ein Ort, der so gerne von Paaren genutzt wird, um sich im Schloss das Jawort zu geben. Ich gebe dem Ort ein klares Nein. Dem Leben nämlich und so wie ich die Dinge sehe, werden Hochzeiten dort so schnell nicht mehr abgehalten. Der Ort war perfekt, um Dinge zu finden, die dem Menschen so vertraut sind. Glück, Frieden, Ruhe, Entspannung und Tod. Die Frage nach dem „Warum?“ interessiert immer. So sind wir Menschen. Schwere Kindheit? Schulisch versagt? Sexuell motiviert? All dies? Leere plus vorhanden sein von Fehlendem? Ja, vielleicht. Aber ich weiß es besser. Wie immer, weiß ich es besser. Ich werde schweigen, nichts sagen. Ich bin in jedem von euch, macht euch nicht frei davon und sucht dort nach mir. Jetzt, an meinem letzten Tag, erwache ich nach süßem Schlaf. Ich will meine Arme ausstrecken, ich kann es nicht. Ich will den Kopf heben, er schlägt donnernd an Holz an. Ich kann mich nicht drehen, spüre wie Panik in mir aufkommt. Da liegt etwas in meiner Hand. Nur zu gut weiß ich, dass es ein Seil ist. Ich schreie, denn nun ist es klar. Ich weiß, was los ist. War es nicht Michael, der gestern meinen letzten Dracula von der Theke holte, kurz nachdem ich ihn im Hotel begrüßt hatte? Drückte er mich nicht fest an sich und hörte ich nicht, wie er weinte? „Zum Wohl mein Freund! Ich vergesse dir das nie!" Ich habe das falsch interpretiert. Er muss es die ganze Zeit gewusst haben. Die Zeit läuft mir weg, ich kann nicht mehr darüber nachdenken. Ich merke, wie die Luft dünner wird und während ich wie ein Irrer schreie, fühle ich, wie meine Fingernägel beim Versuch hier rauszukommen abbrechen. Es tut so weh. Ich muss langsamer atmen, ich muss …

Peter wollte seine letzte Zigarette vor dem zu Bett gehen rauchen. Es war ihm erlaubt, dies auch außerhalb der Klinik zu tun. Um 22.00 Uhr musste er wieder auf Station sein, dann würden die Türen abgeschlossen. Seit zwei Monaten war er nun hier und es war schöner als in den anderen Psychiatrien. Er hatte da leider Erfahrung. Die Leute hier waren nett, die Therapien okay. Und kurz nach 22 Uhr, die Tabletten, die er zum Einschlafen brauchte. Das war meist gegen 23:00 Uhr. Peter zog noch einmal gierig an seiner Zigarette, dann warf er sie auf den Boden und trat sie aus. In der Ferne, irgendwo von den steil aufragenden Rängen der Weinberge musste es kommen, verstummte gerade eine zuvor noch wild schrillende Glocke. Erst als sie nicht mehr anschlug, nahm er deren Existenz überhaupt wahr. So spät noch ein Kirchgang? Dafür aber schien die Glocke nicht groß genug. Was soll´s!

Michael saß zu diesem Zeitpunkt hysterisch lachend am Steuer seines Wagens, während er gleichzeitig weinte. Seine Mission war erledigt.

Die Autoren

Rudolf Borries

Rudolf Borries wurde 1960 in Wiesbaden geboren und schreibt bereits seit seiner Jugendzeit. 2007 erschien sein Kurzkrimi *Der Held des Tages.*

Brigitte Czapski

Sie wurde am 22. 03.1957 in Oberhessen geboren. Ihre 1. Jur. Staatsprüfung legte sie 1982 in Gießen ab, die 2. Jur. Staatsprüfung 1985 in Frankfurt/M. Nach Berufsjahren als Rechtsanwältin, Angestellte und Beamtin im höheren Dienst des Bundes, wurde sie am 09.06.1992 in das Richterverhältnis auf Lebenszeit berufen. Zum 01.01.2004 erfolgte aus gesundheitlichen Gründen ihre Zurruhesetzung. Sie ist in 2. Ehe verheiratet, lebt in Taunusstein und hat einen erwachsenen Sohn aus erster Ehe.

Maria Esch

Maria Esch wohnt in Eppstein, hat Belletristik und Kinder- und Jugendliteratur an der Hamburger Akademie studiert, besucht seit drei Jahren eine Schreibwerkstatt und arbeitet zurzeit an einem Roman.

Verena Kirner

Die 1988 in Wiesbaden geborene Verena Kirner studiert zur Zeit Innenarchitektur an der Fachhochschule in Mainz. Sie schreibt aus Freude und Liebe an der Sprache, das Schreiben ist für sie die Herausforderung, dem Leser auf kreative Weise eine Welt zu kreieren und zu vermitteln. Es ist für sie Arbeit und Ausgleich gleichermaßen, es ist Gestaltung auf einem immer seltener genutzten Weg.

Bärbel Nisch

Bärbel Nisch wurde in Solingen geboren, hat in Marburg Jura studiert und Examen gemacht. Heute arbeitet sie als Gerichtsreporterin, und das Krimischreiben ist ihr so wichtig, weil sie sich eine Welt ohne spannende Geschichten überhaupt nicht vorstellen kann. Von ihr ist im Societäts-Verlag bereits der Kurzkrimi „Der siebte Mann" erschienen (in: Mörderisches Wiesbaden 6).

Paul Nöller

Der Rentner aus Bad Schwalbach ist passionierter Leser und tritt mit *Das letzte Abendmahl* nun erstmals selbst als Autor hervor.

Eva Partusch

Eva Partusch wurde am 20.12.1961 in Bad Homburg v.d.H. geboren. Sie studierte Romanistik und Publizistik in Mainz und Madrid, lebt in Wiesbaden und scheibt seit ihrem 25. Lebensjahr professionell für Zeitungen, Werbeagenturen und Unternehmen. Mit „Flammbierte Spitzen" hat sie erstmals das literarische Genre des Krimis betreten. Beflügelt von diesem ersten schriftstellerischen Erfolg arbeitet sie bereits an einem zweiten belletristischen Werk, dessen Handlung in Prag spielt.

Stephan Reinbacher

Stephan Reinbacher ist Gerichtsreporter, eine Tätigkeit, die ihm reichlich spannenden Stoff liefert. So hat er neben TV-

Beiträgen bereits zwei Kurzkrimis in der Reihe *Mörderisches Wiesbaden* veröffentlich. Er lebt mit seiner Freundin und seiner kleinen Tochter in Eltville.

Florian Rohde

Florian Rohde wurde 1966 in Wiesbaden als Sohn von Journalisten geboren. Der Diplomingenieur des Chemieingenieurwesens arbeitet in der Marketingabteilung eines bekannten Taunussteiner Unternehmens, ist verheiratet und hat zwei Kinder.

Marilu Stahl

Geboren 1959 in Wiesbaden, wohnt mit Mann, Kindern, Hund und etlichen Katzen in Darmstadt-Eberstadt und hat mehrere Kurzgeschichten, unter anderem in *Mörderisches Wiesbaden 2* und *6*, veröffentlicht.

Matthias Tettenborn

Matthias Tettenborn, geb. am 10.06.1968 in Mainz. Gelernter Einzelhandelskaufmann und Luftfracht-Agent. All meine Liebe und Gedanken gelten dem besten Jungen auf der Welt. Meinem Sohn Maurice (7 Jahre), der mir immer wieder zeigt: Das Leben besteht nicht nur aus dunklen Episoden!

Karin Träger

Geboren in Wiesbaden, ist verheiratet und hat zwei erwachsene Kinder. Sie arbeitet als Teamleiterin im Service-Center der IHK Wiesbaden. Sie ist die Schwester der Autorin Marilu Stahl und daraus wurde die Idee geboren, gemeinsam eine Geschichte zu schreiben.

Udo Trost

Der 46-jährige Arzt ist als Radiologe in Wiesbaden tätig und schreibt schon seit Jahren zur persönlichen Entspannung. Mit *Küchenkampf* lässt er erstmals die Öffentlichkeit an den Ergebnissen seiner literarischen Mußestunden teilhaben.